JN033566

言語のインターフェイス・分野別シリーズ 4

［監修］西原哲雄・都田青子・中村浩一郎
米倉よう子・田中真一

# 意味論・語用論と言語学諸分野とのインターフェイス

米倉よう子 ［編］

大橋 浩・朱 冰・堀江 薫
米倉よう子・町田 章・深田 智
佐々木 真・木山直毅 ［著］

開拓社

# 「言語のインターフェイス・分野別シリーズ」の刊行にあたって

　本シリーズは，2019 年に刊行された『言語におけるインターフェイス』（西原哲雄・都田青子・中村浩一郎・米倉よう子・田中真一（編），開拓社）で執筆された 5 章の内容のうち 4 章（統語論，音声学・音韻論，形態論，意味論）を選択し，それぞれ分冊化したものである．

　上記の前編著書のまえがきにおいても述べたように，ことばの本質を捉えるためには，ある特定の分野や部門のみに目を向けるのでは十分ではなく，より多角的な視点で分析することが求められるのは明白であろう．すなわち，言語研究は，単一の分野の研究のみによって成り立っているのではなく，複数の分野や部門の知見を踏まえながら成立しているものである．本シリーズの各巻は，統語論，音声学・音韻論，形態論，意味論・語用論のそれぞれの立場から見た言語間・言語内を含めた各分野の相互作用という観点からの「インターフェイス」に焦点をあてた内容となっている．

　全 4 巻から成る本シリーズは，統語論，音声学・音韻論，形態論，意味論・語用論の分野を扱っている．5 人の監修者が，それぞれの巻の編集者となり，最新の動向を踏まえたうえで「インターフェイス」という視点から，言語研究の魅力をより多くの方々にお伝えできるような研究書兼概説書（テキスト）を目指した．

　各巻のタイトルおよび編集者は以下のとおりとなる．

　　第 1 巻　統語論と言語学諸分野とのインターフェイス

（中村浩一郎 編）

　　第 2 巻　音声学・音韻論と言語学諸分野とのインターフェイス

（都田青子・田中真一 編）

　　第 3 巻　形態論と言語学諸分野とのインターフェイス　　（西原哲雄 編）

　　第 4 巻　意味論・語用論と言語学諸分野とのインターフェイス

（米倉よう子 編）

執筆者については，若手，中堅も含めて各分野を代表される方々をお迎えすることができたのは幸いなことである．本シリーズで取り上げている論考はすべて査読を経ており，十分に精査されたものが掲載されている．

　読者の方々には，各自の専門分野に関わる巻や，それに相互に関連する諸分野の巻も含めて，読み進めていただき参照していただくことをお勧めする．本シリーズは，読者の方々には自分の専門とする分野の知識をより豊かにしていただくとともに，英語学，日本語学を含む言語学研究の様々な分野についての理解を一層深めていただけるものである，と監修者一同確信している．

2021 年 10 月
　　シリーズ監修者
　　西原哲雄・都田青子・中村浩一郎・米倉よう子・田中真一

# は し が き

　言語学は言語を研究対象とする科学的学問である．言語に含まれる音声・語彙・統語・意味・コミュニケーション機能などの解明がその使命だが，「言語のインターフェイス」シリーズ4巻目にあたる本書は，言語の各部門・分野の中でも，各章を貫く共通のテーマとして特に「意味論・語用論」を掲げている．ただし，一口に「意味論・語用論」といっても，それが言語学の一部門として自律的に存在しているわけではない．他の言語学の諸部門とも相互に関連しながら，言語という複雑な体系の一端を担っているというのがより正確なところである．「ことばの本質を捉えるためには，ある特定の分野や部門のみに目を向けるのでは十分ではなく，より多角的な視点で分析することが必要」という姿勢は，「言語のインターフェイス」シリーズの共通理解でもある．

　当然のことながら，言語研究へのアプローチの仕方も様々であり，異なるアプローチを使えば，言語の異なる側面が浮かび上がることがある．そこで本書では，意味論・語用論を軸に，認知主体の事物の捉え方が言語に反映されるとする認知文法論，言語の史的変化を扱う歴史言語学，言語の歴史的変化を認知の観点から捉える文法化，世界の言語の共通性と多様性に光を当てる言語類型論，電子化された言語コーパスデータと統計学的手段を駆使して言語を分析するコーパス言語学，社会の中で言語が果たす役割を考える選択体系機能言語学，そして言語社会の中で子どもが文化としてのことばを習得していく過程を扱う第一言語習得論という，幅広い研究アプローチをとりあげる．各章の論考の概要は以下のとおりである．

　第1章は，意味論・語用論と文法化のインターフェイスを扱う．まず，これは第1章だけでなく，本書のいずれの章にも共通して言えることだが，「インターフェイス」という用語が，生成文法で扱われる，自律性を持つ統語や意味・音韻等の各部門間の接点という意味での「インターフェイス」と

は別物である点が指摘される．その上で，具体的な発話が文法化を引き起こす契機となり，またそれを推し進めていった具体的な例として，be going to, king of, sort of, big time の発達が取り上げられる．例えば big time の発達では，意味機能面での変化に伴い，big time が単なる形容詞修飾名詞句でなくなり，1つの言語単位として，big と time との間の結束性を高めていくことや，big time が特定の語と連語（コロケーション）を形成していくことが論じられている．既存の構文から語用論的推論によって新しい構文が発達すること，また，構文の変化には，当該の構文（例えば sort of）だけでなく，類似の意味や形式を持つ構文（a bit of 等の a NP of X という形式を持つ構文）も関与することを考えると，文法機能が創発する過程を考える際には，構文を言語の基本単位とする認知的アプローチが有効であることが結論として指摘されている．

　第2章は，意味論・語用論と言語類型論のインターフェイスを扱う．Greenberg（1966）をはじめとする言語類型論の研究史の紹介に続き，サピア＝ウォーフの仮説の意義，色彩語彙・移動表現の類型論的研究が概観される．また，モダリティの通時的発達や名詞修飾節の解釈が類型論的観点で分析されている．モダリティの発達経路については，Bybee et al.（1994）によるものがよく知られているが，Bybee et al. の経路図に適合しない発達を見せる言語もある．適合しない理由の解明には，個別言語内の事情（例えば中国語における二音節化）を考える必要性も指摘されている．一方，関係節化をめぐっての言語類型論の研究成果としては「名詞句接近性階層」があるが，この階層性に基づく「関係節」を有する言語（典型的にはヨーロッパ言語）がある一方で，それよりも機能的領域の広い「名詞修飾節」を有する言語（例えば日本語）も存在する．そして後者（「汎用的名詞修飾構文」と呼ばれる）を持つ言語間でも，推論で補う解釈がどの程度，許容されるかについては差が見られることが，日本語・韓国語・アルメニア語の比較を通して明らかにされる．

　第3章は，意味論・語用論と歴史言語学のインターフェイスを扱う．歴史言語学研究自体，様々な分野との接点を有している．例えば，史的言語資料に基づく電子コーパスが次々に整備されたことで，Hilpert（2013）のよ

うな研究が生み出された．ただし，コーパスに過度に依存することの危険性は常に意識されてしかるべきであり，言語の使い手の言語的直観が言語分析において重要な働きをなすことがあるのは，今も昔も変わりない．最近の発達である because の新用法「because-X 節」は，古くから英語に存在する because という語の新しい用法の芽生えを，母語話者の言語感覚も交えながら考察できる好例と言えよう．また，Gildea and Barðdal (2020) は，言語の基本的構成要素 を「構文」と考える構文文法の基本的想定を礎に，「語彙項目 (lexicon)」に対応する構文文法的概念「構文目録 (ConstructiCon)」を提案するが，この言語観は，複雑系科学の考え方とも親和性を持つ．実際，英語進行形のアスペクト機能の発達は，言語体系が「複雑系」であることの証左といえる．

第 4 章は，認知文法を軸に，意味論・語用論と「視点」のインターフェイスを論じる．「視点」という概念は，ここでは「捉え方」という意味で理解される．客観的には同じ事象を見ていても，話者の捉え方が異なれば，それを表す言語形式も異なってくる．そして，事態把握において認知主体である自己をどのように捉えるかによって，少なくとも 2 通りの視点構図，すなわち「事態内視点」と「事態外視点」が存在する．「羽田空港が近づいてきた」が自然なのに，「羽田空港が私に近づいてきた」になると奇妙に響くのは，後者では事態外視点がとられるためである．加えて，これは「同化型間主観性」の問題でもあることが論じられている．他者も傍観者ではいられなくなる同化型間主観性は，他者に積極的な関与を促す標語などでよく使われる．日本語は同化型間主観から対峙型間主観へ，言い換えると，事態内視点から事態外視点へと歴史的に発達してきた可能性がある．このような間主観性の問題は，言語の歴史変化の点からも今後の研究の発展が期待されるところである．

第 5 章は，意味論・語用論と子どもの言語発達のインターフェイスを扱う．乳幼児が言語能力を獲得するには，認知能力・社会性・運動能力の発達の必要性はもちろんのこと，その発達の中途で養育者が果たす役割も大きい．本章前半では，この言語発達の初期の段階にみられる子どもと養育者との関係や，子どもの認知能力や社会性の発達に注目して，先行研究に基づく

議論が展開される．他方，本章後半では，先行研究ではあまり扱われてこな
かった子どもの運動能力の発達と言語獲得との関係に焦点があてられる．具
体的な分析対象は，子どもと養育者が用いた 'let's＋移動動詞' 表現である．
CHILDES における分析対象表現の初出時期，出現頻度，およびその意味の
広がり方を調べた結果，'let's＋移動動詞' 表現で用いられる移動動詞は，子
どもが獲得した（あるいは子どもが獲得する）運動能力に合わせて変化して
いくことが明らかになったという．'let's＋動詞' は一般に，動詞が表す行為
を話し手が聞き手とともに行おうとする場合に使われるとされるが，このよ
うな勧誘機能以外にも，'let's＋移動表現' が，言語能力獲得途上の子どもや
その養育者によって，様々に用いられている点が興味深い．また，子どもは
ある程度成長すると，養育者だけでなく，友だちともかかわりあうようにな
るが，この子ども同士のインタラクションを通しても，「ことば」という社
会・文化の産物を継承あるいは必要に応じて改訂していくことになる．

　第6章は，意味論・語用論と選択体系機能言語学（Systemic Functional
Linguistics）のインターフェイスを扱う．社会全体の中での言語使用と言語
使用者の両方を視野に入れるこの言語学の根底には，ある言語表現の使用に
際しては，様々な表現候補の中から，一定の規則に基づいて，ある表現が選
択されるという言語観がある．したがって，コンテクストの中で，どのよう
な形式を使って（選択），意味（機能）を解釈構築するのか，そこにはどのよ
うなシステム（体系）が働くのか，などが解明すべき問題となる．言語機能
には大きく分けて「観念構成的メタ機能」，「対人的メタ機能」，「テクスト形
成的メタ機能」の3つのメタ機能が存在するとされるが，ある言語表現にお
いて，これらのメタ機能のうちのいずれかしか働かないというのではなく，
3つの機能が同時に多層的に働くとされる．選択体系機能言語学の特徴は，
文化的なコンテクストからジャンル，状況のコンテクストから言語使用域，
コンテクストを構成する側面（活動領域，役割関係，伝達様式），そして言
語表現形式に関わるメタ機能，語彙文法，音韻，文法的比喩といった様々な
言語の形式と意味の関係を，コインの両面のように，一体のシステムとして
捉えて考察する点にある．

　第7章は，意味論・語用論とコーパスのインターフェイスを扱う．コー

パス言語学では,「分布意味論」と呼ばれる,ターゲット語とその共起語との関係から意味を分析する手法がよくとられる.共起関係の強度や共起頻度の有意性の判定に使われる代表的な統計的指標としては,相互情報量（MIスコア）とtスコアがあげられる.ただし,これらの指標に全く問題点がないわけではない.それらの問題点の克服には,Biterm topic model（BTM）が有効である.BTMは,bitermと呼ばれる非連続的な2語を分析することで,ある文書がどのようなテーマ,あるいはトピックについて書かれたものなのかを説明しようとするものである.直感的な仮説として,多義語の意味は語が現れるトピックを見ることで推測できる.本章では本手法の実践と仮説の実証の具体的事例として,NOWコーパスからstreamsの使用例を採取し,BTMを用いて解析した研究の手法と分析結果を示している.

　ことばの研究の世界は広大にして深遠で,本書がカバーするのはそのほんの一部に過ぎない.それでも,本書で取り上げられる多彩な言語分析の切り口は,言語の奥深い世界を垣間見せてくれるはずである.本書が言語の分析に興味がある読者の一助となるのであれば,執筆者一同,望外の喜びである.

　本書はもともと,2020年秋に刊行の予定であったが,編集者の不手際と,新型コロナウィルス感染症の拡大をはじめとする様々な社会事情により,出版を延期せざるをえなかった.しかし,幸いにも,それぞれの視点で言語を分析している各執筆者の協力を得ることができた.各章の原稿は互いに関連する箇所には相互引用を施し,読者の便宜を図るなど,工夫をこらしたつもりである.

　本書の刊行では,企画段階からいろいろな方のお世話になった.本シリーズの立案者・統括編集者である西原哲雄氏,共同編集者の中村浩一郎氏,都田青子氏,田中真一氏に謝意を表したい.また,本書の出版をご快諾いただき,度重なる予定の変更にも辛抱強くご対応くださった開拓社の川田賢氏には,特に厚くお礼申し上げる.

　　2021年盛夏

　　　　　　　　執筆者を代表して　米倉　よう子［編集担当］

# 目　　次

第3章 意味論・語用論と歴史言語学のインターフェイス

    米倉よう子 ………………………………………… 49

第4章 意味論・語用論と「視点」のインターフェイス

    町田 章 ………………………………………… 73

第1章

# 意味論・語用論と文法化のインターフェイス*

大橋　浩（九州大学）

## 1.　文法化とインターフェイス

　本章では文法化を「インターフェイス」という観点から考えてみたい．文法化とは，名詞や動詞のような開いた類の語彙的要素が，前置詞や助動詞のような閉じた類の文法的要素に変化したり，文法的要素がさらに別の文法的要素に変化することを指す．文法化という用語はフランスの言語学者メイエ（Meillet (1912)）によるものといわれるが，文法要素（束縛形態素）が語彙的要素（自由形態素）から発達することに関する研究はその約 200 年前から行われていた．[1] それ以来特定の理論的枠組みによらない記述的研究が中心であったが，[2] 1980 年代以降，機能主義，語用論，言語類型論，認知言語学，構文理論による言語研究の発展とともに，これらの立場からの文法化研究が急速に広がりと深まりを見せた．

　しかし，これらのアプローチによる研究の中では「インターフェイス（以下，IF）」ということばに出会うことはあまりない．試みに，近年の文法化

---

*　本稿は JSPS 科研費（19K00686）によって行った研究を含んでいる．

[1] Lehmann (1995 [1982]) の第 1 章「文法化研究の歴史」による．

[2] Lehmann (1995 [1982]: viii) は自らの研究が特定の文法理論にもとづかない理由について，文法化に伴う現象の段階的な性質の表示に既存の文法モデルでは不十分であるからと述べている．

1

2

研究の成果をまとめた Narrog and Heine（2011）を開くと，そこには編者による Introduction を含め 63 編の論文が寄稿され，文法化をめぐるトピックが網羅されている観があるが，interface を冠した論考はなく，巻末の subject index にも interface の項目はない．寄稿者の専門は歴史的研究に加え，上にあげた領域が主で，多くの点で言語観が異なる生成文法の研究者からの寄稿は 1 編だけである．そのタイトルが「文法化と生成文法—難しい関係」（'Grammaticalization and Generative Grammar: A Difficult Liaison'）であることは，文法化と IF の親和性の低さを示唆していて興味深い．筆者 van Gelderen（2011: 54-55）は結びの節で次のように述べている．

(1) Grammaticalization and generative grammar have had an uneasy relationship. Proponents of generative grammar see syntax as autonomous (…), whereas advocates of grammaticalization see meaning and function as the determining factors behind syntactic structure and, of course, behind change. The emphasis on function and meaning has prompted one side to say there are no structural representation (e.g. Hopper 1987, cited in Newmeyer 1998) and the other that there is no grammaticalization (Newmeyer 1998: 226). Lightfoot (1999: 83) argues that languages change gradually but that grammars change abruptly.

生成文法では統語構造，意味構造，音韻構造，語彙はそれぞれ独立した自律的なモジュールを形成するとされ，各モジュールの間に IF が存在する．図 1 は生成文法が想定する言語のアーキテクチャーの例を示している．

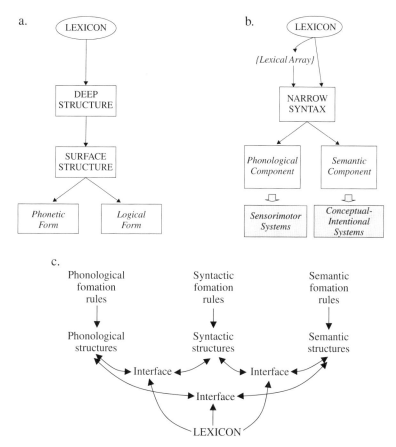

図1：生成文法による言語のアーキテクチャーと IF

　図1(a) は統率・束縛理論，(b) は極小主義のモデル (Gallego (2010: 3-4)) であるが，(a) では Surface Structure と Phonetic Form, Logical Form の間，(b) では網掛けの矢印で示された部分が IF を構成する.[3] (c) は Culicover and Jackendoff (2005: 18) のモデルであるが，音韻，統語，意味の構造それぞれの間に加えて，各構造と語彙の間に IF が想定されている.
　一方，近年，多くの文法化研究で理論的基盤となっている，言語に対する

---

[3] 図1 (a), (b) については林愼将氏にご教示いただいた.

4

認知的アプローチ（cognitive approach to language, 以下, CA）では, 文法が, 統語, 意味, 音韻, 語彙などのモジュールによって構成されているとは考えない. 例えば, ラネカーが唱導する認知文法（Cognitive Grammar）では, 言語の基本単位は, 図2における (a) の意味 (S) と (b) の形式（音）(P) が (c) のように一体化した記号構造（symbolic structure）を持つ構造体である構文（construction）と考える.[4] 構文には小さなものは屈折接辞などの束縛形態素から, 語, 句, 節, 文など, 様々な大きさのものが含まれ, (d) が示すように小さな構文が結びついて複雑な構文をつくりあげる. CA では, 個々の構文と, 構文が結びついたネットワークが言語知識としての文法を構成すると考える. このように, CA では, 意味と形式（音）を一体と見なすため, それらの間に生成文法で想定するような IF は存在しない. また, 文法は, 構文, および, 構文間の関係の中にあるとし, 語彙と文法は連続していると考えるため, 語彙と他の部門との間の IF も存在しない.

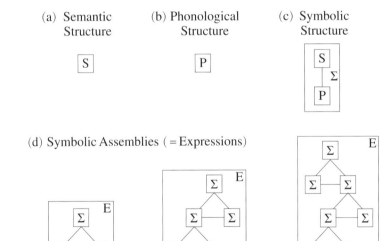

図2：CA における構文と構文の合成 (Langacker (2009: 3) より)

---

[4] Construction の日本語訳としては「構文」が一般的であるのでそれにならう.

　では，CA で文法化を考える際に IF にあたるものはないだろうか.

　上で述べたように，CA では言語の基本単位を構文と考える. すると，文法化を含む言語における変化は構文における変化であることになる.[5] つまり，言語変化とはある構文が何らかの動機によって別の構文に変化することとみなされる. したがって，古い構文（C1）と新しい構文（C2）の間に IF を想定することが可能に思われる. しかし，文法化のプロセスを考えると，この想定が言語事実にそぐわないことが明らかになる. 2節で見るように，文法化は，個人レベルでも，同じ言語の使用者からなる集団レベルでも，少しずつ進行する. IF という概念は離散的なカテゴリーを前提とすることを考えると，C1 が通時的に変化して C2 となる境界が明確でないため，ここに IF を想定するのは難しいように思われる.

　文法化における IF として考えうるもう1つの可能性は，構文と，構文変化を引き起こす要因の間であろう. 構文は言語使用者のこころに定着した知識である. この知識に変化を引き起こすのは，言語使用者による発話の理解と産出である. 文法化を含む言語の変化は話し手と聞き手による発話のやりとり―これを使用事象（usage event）とよぶ―の場で起きる.[6] 特定の文脈において入力として与えられた構文を，こころの中にすでに定着している構文と照合するプロセスが発話の理解であるとすると，文法化における新たな構文の発達は，言語使用者の知識中の構文と，新たに経験した構文の間にある，何らかの不一致が契機となって始まると考えることができよう. そうであれば，具体的な発話の産出と理解が行われるコミュニケーションの場と，文法化が生じる言語使用者のこころの間を IF ととらえることができるだろう.

　本章では，この仮定のもと，具体的な発話が文法化を引き起こす契機となり，推し進めていく，そのプロセスを実例に基づいて考察したい. 以下の構

---

[5] Traugott and Trousdale (2013), Hilpert (2013), および本書第3章4節などを参照.

[6] Traugott and Dasher (2002) などを参照. また，Croft and Cruse (2004: 291) は，Markmann (1999) による知識の表示モデルを援用し，発話の産出と理解というコミュニケーションがこころと発話を結ぶ場であると述べている.

成は次のとおりである．2節では文法化の特徴を概観する．3節では「使用基盤（usage-based）」の考え方について簡単に紹介する．その後4節で使用基盤の観点から文法化のプロセスを実例に則して考察する．5節はまとめである．

## 2. 文法化の特徴

　まず，Hopper (1991) にそって文法化の特徴を概観しておこう．[7] ホッパーは文法化の原理として，重層化 (layering)，分岐 (divergence)，特殊化 (specialization)，保持 (persistence)，脱範疇化 (de-categorization) をあげている．

　重層化とは，新しい層—本章でいう構文—が発達した後，古い層が消失せず，2つの層が共存することを指す．英語の例としては，動詞の過去形で，母音交替 (drive / drove, take / took など) による歴史的に古い層と，-(e)d の付加 (notice / noticed, walk / walked など) による新しい層が併存していることや，「未来」を表す表現として，will, be going to, be -ing, be to など複数の表現が併存していることなどがあげられる．

　分岐とは，語彙的要素が文法的要素に変化した後，もとの形が別の語彙的要素に変化することを指す．例えば，現代英語の不定冠詞 a(n) は OE の数詞 an が文法化したものであるが，an 自身も分岐して現代英語に one として残っていることがこれにあたる．[8]

　特殊化とは，類似の文法的機能を持つ複数の形式のうち，文法化の結果，ある形式が一般的な文法的機能を持つようになることを指す．ホッパーはフランス語の pas を例にあげている．現代フランス語では (2) のように動詞の前後に否定を表す ne, pas を用いる．

　　(2)　Il ne boit pas de vin. (彼はワインを飲まない)

---

[7] 文法化の特徴については本書第2章3.2節，第3章4節も参照．
[8] この現象がヨーロッパの諸言語に見られることについては，本書第2章3.1節を参照．

歴史的には否定は ne が表し，もともと「一歩」や「歩調」を表す名詞であった pas は動作動詞とともに使われて否定を強調する役割を担っていた．同じ目的で，他の意味を表す動詞には別の名詞——point（「点」），mie（「パンくず」「断片」），gote（＞goutte）（「滴」）など——が用いられた．これらの否定を強調する名詞は，時代が下るにつれて少なくなり，現代フランス語では pas と point しか残っていない．使用頻度，強調形でない普通の否定を表すこと，共起制限，などの観点から，複数の名詞のうち，pas のみが真の否定要素として特殊化したといえる．

　保持とは，ある要素が文法化した後も，もとの語彙的意味の痕跡を残すことである．例えば，現代英語で未来を表す助動詞 will は，(3a) のような「予測（「純粋な」未来）」を表す以外に，(3b) のような「意欲」や (3c) のような「意図」を表す．

(3) a. I think the bulk of this year's students will go into industry.

　　 b. Give them the name of someone who will sign for it and take it in if you are not at home.

　　 c. I'll put them in the post today.　　　　　(Hopper (1991: 29))

助動詞 will は「願望」を表す動詞 willan から文法化によって発達したが，Bybee and Pagliuca (1986) によると，すでに OE において「願望」よりも弱い「意欲」(willingness) や「意図」(intention) の意味を持っていた．(4)–(5) は Bybee and Pagliuca (1986: 113) によるベオウルフからの例である．

(4)　　Beowulf is min nama, wille ic asecgan suna Healfdenes, mærum þeodne, min ærende …　　　　　(line 343)

　　　'Beowulf is my name. I wish to tell my errand to Healfdene's son, the great lord.'

(5)　　gif he us geunnan wile þaet we hine swa godne gretan moton.

　　　　　　　　　　　　　　　　　　　　　　　　　(line 346)

　　　'If he will grant that we may greet him who is so gracious.'

このように，「未来」の中に，will がもともと語彙的な意味として持って

8

いた「意欲」や「意図」の名残を見て取ることができる．同様のことは，同じ「未来」の意味を表す shall や be going to についてもいえる．

　脱範疇化とは，文法化が進むにつれて，名詞や動詞が，それぞれのカテゴリーとしての典型的な特徴を失っていくことを指す．例えば，(6) において，名詞の thanks は，指示物を談話に導入するという名詞としての一般的な意味機能を持つが，前置詞句を構成する thanks は指示物を持たず，その機能がない．また，前者は warm thanks のように形容詞の修飾を受けるが，後者では *warm thanks to his generosity のように容認されない．

(6)　Our thanks were accepted by the mayor—thanks to his generosity.　　　　　　　　　　　　　　　　　　　　(Hopper (1991: 30))

　また，少なくとも書き言葉では (7a) のように分詞節の意味上の主語と主節主語の一致が要求されるのに対し，(7b) のように前置詞化した considering ではそれが求められない．

(7) a. (?) Sitting by the roadside to eat our sandwiches, a heavy shower drenched us to the skin.
　　 b.　Considering its narrow beam, the boat is remarkably seaworthy.

　　　　　　　　　　　　　　　　　　　　　　(Hopper (1991: 31))

　以上，Hopper (1991) に従って文法化の特徴を概観したが，これらの特徴は，いずれも，文法化が漸進的な変化であることを示している．脱範疇化についていえば，例えば，動詞から助動詞への脱範疇化は少しずつ進むため，現代英語で助動詞としての特徴をどの程度持っているかという点から観察すると，この範疇には様々な「助動詞度」の語が共存していることがわかる．図3は，否定文や疑問文のつくり方，not との縮約などのパラメーター (Quirk et al. (1985: 137)) によって「助動詞らしい」要素から「動詞らしい」要素へと段階的に並べたものである．

| Class of verbs | | Examples |
|---|---|---|
| (one verb phrase) | (a) CENTRAL MODALS | *can, could, may, might, shall, should, will/'ll, would/'d, must* |
| | (b) MARGINAL MODALS | *dare, need, ought to, used to* |
| | (c) MODAL IDIOMS | *had better, would rather/sooner*, BE *to*, HAVE *got to*, etc |
| | (d) SEMI-AUXILIARIES | HAVE *to*, BE *about to*, BE *able to*, BE *bound to*, BE *going to*, BE *obliged to*, BE *supposed to*, BE *willing to*, etc |
| | (e) CATENATIVES | APPEAR *to*, HAPPEN *to*, SEEM *to*, GET + -*ed* participle, KEEP + -*ing* participle, etc |
| (two verb phrases) | (f) MAIN VERB + nonfinite clause | HOPE + *to*-infinitive, BEGIN + -*ing* participle, etc |

図3：助動詞-動詞の段階性 (Quirk et al. (1985: 137 Fig. 3.40a) より)

どこまでを助動詞の範疇として認めるかを明確に決めるのは難しい．つまり，ある要素の古い意味から新しい意味が生まれるプロセスは連続しており，截然と区切ることは言語事実にそぐわない．1節で述べたように，C1から C2 が発達する文法化の連続的プロセスと，離散的なカテゴリーの存在を前提とする IF という概念に親和性が低いとするゆえんである．構文で起こる文法化という変化が漸進的であるとすると，その構文と，構文のネットワークとしてとらえられる文法も，いったん確立されると安定して変化しないものではなく，変化する動的なものであるということになる．

　では，このような連続性をとらえるにはどのような考え方が有効であろうか．次節では，使用基盤という考え方が文法化のプロセスや文法化に伴う現象を自然にとらえることができることを述べる．

## 3.　使用基盤と文法化

　CA では，言語能力は人間が持つ，知覚，記憶，カテゴリー化などの一般的認知能力と密接に関係していると見なし，ひとりひとりの言語使用者が行う発話のやりとりを通して個別言語の文法が習得されるというボトムアップ

的な言語観に立つ．特定の場面で，特定の意図や目的をともなう発話を理解し，産出するという使用事象を繰り返し経験することによって，言語使用者は形式（音）と意味の対である構文を内在化し，その構文のネットワークとしての文法が形成されると考える（Kemmer and Barlow (2000: viii) など）．このプロセスを Bybee (2013: 49) は次のように述べている．

(8) Cognitive representations are built up as language users encode utterances and categorize them on the basis of phonetic form, meaning, and context.  As incoming utterances are sorted and matched by similarity to existing representations, units such as syllable, word, and construction emerge.  Thus, grammar can be viewed as the cognitive organization of one's experience with language.

このような考え方を使用基盤とよぶ．[9] ここでいう認知的表示としての構文は，高い頻度で繰り返し使用されることにより定着（entrench）する（Kemmer and Barlow (2000: x)）．定着の度合いは経験の頻度に相関し，漸次的に進む．言語使用の経験は個人によって異なるので，必然的に，内在化される構文や構文ネットワークの定着度は個人によって異なることになる．この考え方を言語の変化にあてはめると，個人の集まりによって構成される言語コミュニティの次元で見た変化の定着の度合いも，コミュニティとしての使用事象の経験の頻度に応じた定着度合いを反映した漸進的なものとなるだろう．このような立場に立てば，2 節で見た文法化の漸進性も自然な形でとらえることができる．1 節の引用（1）の最後に述べられていたように，文法を瞬時に変化すると考えるのではなく，文法も連続的に変化すると考えるのである．[10]

---

[9] Kemmer and Barlow (2000), Langacker (2000), Tomasello (2003) などを参照.
[10] 使用基盤の考え方と文法化の親和性の高さについては大橋 (2018a) を参照されたい.

## 4.　文法化の事例と IF

　本節では文法化の具体的事例として，英語の be going to, kind of, big time をとりあげ，それぞれの場合に，IF として，どのような使用事象が，言語使用者のこころにおける，C1 から C2 への変化に動機づけを与えているかを具体的に観察したい.

### 4.1.　Be going to の文法化と IF
### 4.1.1.　Be going to の意味と文法化の経路

　まず，英語の be going to が助動詞へと文法化するプロセスを Hopper and Traugott（2003）による説明に沿って考えよう.

(9) a.　She is going [to meet Bill].

　　 b.　She [is going to] meet Bill.

　　 c.　She [is going to] like Bill.

　　 d.　She [gonna] like Bill.

(9a) では，「行く」という空間移動の意味を表す go の進行形に，目的を表す to 不定詞が後続し，「彼女はビルに会いに行くところだ」という意味を表しているが，文字通りの意味から，目的は実現するだろう，すなわち，「彼女はビルに会うだろう」という語用論的推意が生まれる. [be going][to V] という形がこの語用論的推意と結びついて繰り返し用いられると，(9b) のように [be going to] が未来時を表すと再分析される. この解釈が定着すると，後続する動詞は，その実現に移動を要する行為を意味するものである必要はなくなり，例えば，(9c) の like のような感情を表す動詞でもよいという類推が働く. (9c) の be going to にはもはや移動中という意味はなく，この用法が定着した時点で未来時を表す助動詞としての文法的意味を確立したといえる. be going to が未来を表すという理解が定着すると，3 つの語がそれぞれ持っていた意味は希薄化し，もはや独立した語としてではなく，1 つのユニットとして処理されるようになる. それに伴い 3 つの語の音韻的独立性も失われ，(9d) のように音韻的縮約（phonetic reduction）が起こる.

音韻的縮約は移動を表す意味の場合には生じない.

　以上が be going to の文法化の概略である. 文法化の契機となる文について ここでは (9a) という作例をあげたが, 実際にはどのような文がその役割 をはたしたのであろうか.

### 4.1.2. 変化を動機づけた実例

　本節では, 前節で概観した文法化が生じる動機づけとなったと思われる実 例として Traugott and Trousdale (2013: 218) があげている例を見ていこ う. まず, (9b) の再分析を許した可能性のある初期の例としては (10) を 見よう.

(10)　while this onhappy sowle by the vyctoryse pompys of
　　　while this unhappy soul　by the victorious pomps　of
　　　her enmye　***was goyng to*** be broughte into helle for the
　　　her enemies　was going　to be brought　into hell　for the
　　　synne and onleful　lustus of her body
　　　sin　and unlawful lusts　of her body
　　　'While this unhappy soul was going to be brought into hell by
　　　the victorious ostentatious displays of her enemies for the sin and
　　　unlawful lusts of her body'
　　　(1482 Monk of Evesham, *Revelation* 43 [OED[11] go 47b; Arber 1869: 43;
　　　Danchev and Kytö 1994: 61] 強調は原文. 以下同様)

この文は,「不幸な魂が地獄に連れて行かれるために運ばれるところだった」 という目的を伴う移動の意味を表していると解釈できる. 一方, to 不定詞 が受動態であるため, 主語の「不幸な魂」の動作主性が低く, その分意図性 が背景化し, 移動よりもその後に起こる「地獄へ連れて行かれる」ことが前 景化し,「連れて行かれようとしていた」という解釈も可能であろう. この ように, 文脈から, to 不定詞が表す「これから起こるであろう事態」を be

---

[11] The Oxford English Dictionary.

going to が表すという語用論的推意が生まれたと考えられるのである.

　「これから起こるであろう事態」という語用論的推意は次の (11) ではより明確である. これらの例は, 未来の意味を表す最初の例としてあげられている (Traugott and Trousdale (2013: 221)).

(11) a. So, for want of a Cord, hee tooke his owne gaters off; and as he **was going to** make a nooze ('noose'), I watch'd my time and ranne away.

　　　　(1611 Tourneur, *The Atheist's Tragedie* [LION[12]; Garrett 2012: 69])

　 b. He is fumbling with his purse-strings, as a school-boy with his points when he **is going to** be whipped, till the master weary with long stay forgives him.

　　　　(1628 Earle, *Microcosmography* §19 [cited by Mossé 1938: 16; Garrett 2012: 69])

(11a) では, 主語が自分の靴下どめで輪を作るためにはかがみこめばよいので移動の必要はなく, (11b) でも, 生徒が罰として鞭打たれるために遠くへ移動することを意図しているとは考えにくい.

　この意味がさらに定着すると, 下の (12) のような例が現れる. ここでは主語が there であり, be going to から移動の意味が完全に失われている (Traugott and Trousdale (2013: 222)).

(12) a. I am afraid there **is going to** be such a calm among us, that …

　　　　(1725 Odingsells, *The Bath Unmask'd* [LION; English Prose Drama])

　 b. *Burnham.* I should be glad to know what Freedom there was between us.

　　　*Bowers.* There **was going to** be a pretty deal of Freedom, but I lost it in the mean Time.

　　　　(1741 Trial of Esther Burnham and Godfrey Nodder, t17411204-5

---

[12] Literature Online, 1996-.

14

[OBP])[13]

このような例が使われた時点で（9c）のように文法化が完成したと考えられる．Be going to が共起する動詞は，19 世紀には，それ以前に多かった say, give, make, tell, marry などの完了相を表す動詞から，頻度の高い be, have, do などの動詞に拡張している（Hilpert（2008），Traugott and Trousdale（2013: 222））．

文法化に伴う形式面の変化を示唆する音韻的縮約の OED による初出例は（13）である（Traugott and Trousdale（2013: 223））．

(13)　Yo're *gonna* get a good lickin'.

(1913 C.E. Mulford *Coming of Cassidy* ix. 149 [OED *gonna*])

以上，be going to の文法化の契機，発達，定着を示す例を Traugott and Trousdale（1913）に従って概観した．[be going][to V] から [be going to][V] へと構文が変化する動機づけとして，特定の文脈で，意味的な際立ちが，移動ではなくその後の事態にあるという語用論的推意を許す発話が介在し，その語用論的推意を強化する発話が繰り返されることにより，新しい構文が定着してきたと考えられる．

### 4.1.3.　関連する構文

最後に，be going to の発達を他の構文との関係という観点から考えてみたい．Traugott and Trousdale（2013）は，be going to が助動詞として文法化するのに，助動詞というカテゴリーのとらえ方が関与しているとして，次のように論じている．Be going to が未来の意味で使われ始めた当時，英語の助動詞には，will, shall, must など 1 語で使用頻度が高い中心的なものと，be to, have to, ought to など迂言的で，純粋な未来というより，未来における義務などを表すものがあった．Be going to は形式的には後者であるが，意味的には後者と異なり，どちらのグループとも完全に一致している

---

[13] The Old Bailey Proceedings Online, 1674–1913.

わけではなかった．ただし，17世紀始めに，英語で分析的表現への移行が
進みつつあったため，当時の話者は迂言的表現が助動詞の一般的形式である
と考えたと推察される．このような背景の中で，be going to は迂言的助動
詞として認知されたと考えられる．

　以上の論点は，文法化を考える上で，当該の構文だけでなく，類似の意味
や形式を持つ構文や，それらの構文が構成する文法的カテゴリーまで含めて
考察することの重要性を示している．この観点の重要性は次節で考察する
kind of についてもあてはまる．

## 4.2. Kind of の文法化と IF
### 4.2.1. Kind of の意味と文法化の経路

　本節では kind of の文法化について考察する．現代英語の kind of には
(14) に見られるように名詞と副詞の意味がある．

(14) a. This is a kind of hormone produced in the brain.
　　 b. I kind of like her.
　　 c. I made this cake and I didn't like it too much.  It kinda tasted
　　　　bad.  Bad after taste.　　　　　　　　　　　　　　　　(COCA[14])

(14a) の kind は「（脳内で生産されるいろいろなホルモンのうちの）1種類」
という意味を表す．kind 以下の名詞句の意味的な主要部であり，a kind of
NP は (15a) のような構造をしている．一方 (14b, c) では a が脱落し，kind
of だけで，「少し」という意味の副詞，[15] あるいは，断定の力を弱めるヘッジ
(hedge) として機能しており，それぞれ (15b, c) のような構造をしている．

(15) a. [a][kind [of NP]]
　　 b. [[kind of][VP]]
　　 c. [[kinda][VP]]

---

[14] The Corpus of Contemporary American English.
[15] Quirk et al. (1985: 597-598) では，動詞や述語の効果や力を弱める downtoner の1
種である compromiser に分類されている．

16

(14a) の名詞 kind が語彙的な意味を持っているのに対して，(14b, c) の kind of の意味は slightly, rather, somewhat など「種類」とは無関係な語とほぼ等価であるという意味で語彙的意味が希薄化しており，その意味機能は動詞の意味を弱める，あるいは，発話を断定する強さを緩和することにある．この点から，kind of における名詞から副詞・ヘッジへの変化を文法化とみなす．

　kind of や関連構文の文法化については Denison (2002, 2005), Brems and Davidse (2010), Margerie (2010) などの研究がある．次節ではこれらの先行研究にもとづいて kind of が (15a) から (15b) や (15c) へと文法化する経路と意味変化を引き起こした要因について考察する．

### 4.2.2.　変化の要因

　では，kind of における文法化の動機づけとなった要因について考えよう．文法化前の kind を含む表現を便宜的に kind of X と表す．文法化の経路としては，まずこの構文の意味的主要部である kind の語彙的意味が希薄になり，意味的な際立ちが X に移る変化が考えられる．次の (16), (17) を例に考えよう．

(16)　Again, if by definition an elegy is a kind of poem, then it can't— then poetry can't be a representation of the elegy.

(MICASE[16]: Margerie (2010: 317))

(17)　It's a kind of reddish-brown colour.

(MICASE: Margerie (2010: 318))

(16) では，「エレジーが詩の 1 種ならば」という文意から poem は複数の成員からなる類を表し，kind が意味的な主要部で of poem はその補部を構成していることが明瞭である．一方，(17) の a kind of reddish-brown colour は，(16) の場合と同じく「赤茶色の 1 種」という解釈も可能であるが，同時に，「赤茶色っぽい色」という解釈も可能であろう．「赤茶色」は焦点色で

---

[16] Michigan Corpus of Academic Spoken English.

なく，それ自身混色であることから，赤茶色という類の中の特定の色ではな
く，そこに含めても良い色，周辺的な色，近い色という解釈である．この解
釈の基盤には，「赤茶色の標準的な色」を表すには，(18) のような，a kind
of reddish-brown colour よりも少ない語数での表現が可能ということがあ
る．

(18) a.　It's a reddish-brown colour.
　　 b.　It's reddish-brown.

そうせずにわざわざ a kind of を使っているのはそれなりの意味価値がある
からで，この場合，それは，近似やヘッジの意味機能であるという推論が可
能である．この推論は，特定の文脈における語用論的推意といえる．このよ
うに，X を構成する成員にどのような種類のものがあるかということより
も，X という類に含まれるかどうかに伝達上の重要性が置かれる場合に，
kind of がひとつのユニットとして X を修飾しているという解釈の動機づ
けが与えられる.[17] (17) の前者の解釈では (15a) 同様，(19a) のような構
造をしているのに対して，後者の解釈では，(19b) のような構造をしている．

(19) a.　[kind [of reddish-brown colour]]
　　 b.　[[kind of] [reddish-brown colour]]

(19b) の解釈をここでは前位修飾用法とよぼう．(17) のように前位修飾用
法としての解釈が可能な発話が，kind of の文法化の最初の動機づけを与え
たと考えられる.[18]

　前位修飾用法で繰り返し使用されることにより kind of に近似やヘッジと
しての意味が定着すると，その修飾対象が，冒頭の (14b, c) のように，名
詞以外のカテゴリーに拡張したことが推察される．そうすると，kind of の
文法化としては (20) のような経路が推定される．

(20)　名詞句＞前位修飾＞副詞・ヘッジ

---

[17] この解釈が語用論的推意であることについては Denison (2002: 10-11) を参照.
[18] Denison (2002, 2005) はこの機能を qualifying とよんでいる.

18

Denison (2002: 9) や Traugott (2008b: 28-29) は (20) における各段階の kind of の定着時期を以下のように推定している.

(21) a.　名詞句（[a][kind [of NP]]）　14世紀半ば以降
　　　b.　前位修飾（[a][[kind of] NP]）　16世紀後半
　　　c.　副詞・ヘッジ（[[kind of][N/A/V]]）　19世紀前半

以上が kind of における名詞から副詞・ヘッジへの文法化の経路の大きな流れであるが,（21）に示した3つの構文に加えて,（22）のような構文もこの文法化に関与したと考えられている.

(22) a.　…; we would more likely say "These kind of cats are native."
　　　b.　Those kind of things are kind of special to me.
　　　c.　I want to do all kind of nice things like drinking at the bar and such.

ここで,（22a）の these は cats と,（22b, c）の those, all は things とはそれぞれ数の一致をしているが直後の kind とはしていない. Denison (2002) はこれらの例における kind of の用法を「複合限定詞（complex determiner)」あるいは「後限定詞（post determiner)」とよび, all kind of の初出が 1390 年頃とかなり早いため, これらの構文が (21b) のような前位修飾構文への橋渡しをした可能性があると述べている.
　デニスンの分析に対し, Brems and Davidse (2010) は, 複合限定詞を (23) のような「数量詞的用法」と (24) のように kind of の前に修飾語を含む「限定修飾用法」に下位分類している.

(23)　The present condition of humane nature doth not admit of any constitution of things, whether in religion or civil matters which is free from all kind of exception or inconvenience.

　　　　　　　(PPCEME,[19] Tillotson c.1679: Brems and Davidse (2010: 189))

---

[19] Penn-Helsinki Parsed Corpus of Early Modern English.

(24)　"A Good Knock-about kind of a Wife".

　　　　(CLMETEV,[20] Baker 1845–53: Brems and Davidse (2010: 187))

　彼女たちは歴史的コーパスの詳細な調査によって，数量詞的用法はデニスンのいう複合限定詞としての定着に，限定修飾用法は前位修飾用法の定着に貢献したと主張している．

　(22)–(24) が文法化に果たした具体的な役割については議論が分かれる所であるが，(21b) のような前位修飾用法の出現時期と，前位修飾用法の発達に複数の構文が関与していることについては意見が一致している．4.1.3 節で見たように，be going to の文法化には意味や形式面で類似した構文が関与していたが，同様のことが kind of についてもいえる．次節でその点について見ておこう．

## 4.2.3.　関連する構文

　名詞として kind と似た意味を持ち，(25) のようにやはり類似のヘッジとしての意味を発達させた語に sort がある．

(25)　a.　I sort of like him, but I don't know why.

　　　b.　Then they started sort of chanting.

　　　c.　Well, I sort of thought we could go out together sometime.

sort も kind 同様，もともと「種類」('A kind, species, variety, or description of persons or things.' OED) の意味を持っていたが，(a) sort of N の形で名詞句＞前位修飾＞副詞・ヘッジという経路をたどって文法化した (Denison (2002, 2005), Traugott (2008a), Brems and Davidse (2010))．

　さらに，a NP of X という形式を持つ他の 2 項名詞 (binominal) に対象を広げると，a bit/lot/bunch/deal/piece (of) や (not) a(n) shred/iota/drop/jot (of) などが，元来の「部分」を表す名詞＞複合限定詞や数量詞的用法としての前位修飾＞副詞という経路をへて文法化している (Traugott

---

[20] The Corpus of Late Modern English Texts (Extended Version).

20

(2008b), Langacker (2009), Brems (2011)). このような事実を見ると，文法化の動機づけが，名詞の語彙的意味だけでなく，その形式も大きく関与していることがわかる．文法化を構文における発達ととらえることによって，類似の意味と形式を持ったパターンが新しい意味や形式を発達させるプロセスを自然にとらえることができるのである．

### 4.3.　Big time の文法化と IF
### 4.3.1.　Big time の意味と文法化の経路

　本節では，kind of 同様，名詞から副詞としての意味を発達させた big time の事例を文法化と見て，構文が変化する要因をコーパスの用例分析を通して考察する．[21]

　現代英語の big time の意味として LDOCE[22] は（26）に示すように，名詞，形容詞，副詞をあげている．

(26)　a.　The 46-year-old author has finally hit the big time.

　　　b.　big-time cocaine dealers

　　　c.　Morris messed up big time.

(26a) では名詞句 the big time として「芸能や政治などの世界の有名人や重要人物としての地位」を表している．hit や make などとの連語でイディオム的に使われることも多いが，OED によると big time の原義は「素晴らしいひととき」("an excellent time") である．(27a) に示す COHA[23] の初出例もこの意味であり，(27b) のように現代でもこの意味で使われる．

(27)　a.　No more shall he urge his Texan cronies to "come on and have a big time."　　　　　　　　　　　　　　　　(1876)

　　　b.　Other than that, we had a big time.　　　　　　　　(2004)

---

[21] 本節の考察は大橋 (2018b) に基づいている．詳細な議論についてはそちらを参照されたい．

[22] Longman Dictionary of Contemporary English Online (https://www. ldoceonline.com).

[23] The Corpus of Historical American English. なお以下 4.3 節の例文には特に注記しない場合は COHA における出現年のみを記す．

(26b) では複合形容詞として「成功した」,「大物の」という意味を表す.
ハイフンで結ばれた綴りに加えて,(28) のように 1 語としての綴りも見られる.

(28) "He's a bigtime attorney … friend of the family." (1993)

これらの綴りは複合語として定着していることを示唆するため形容詞と考えてもよいと思われるが,コーパスの用例,特に初期のものには (29) のように,名詞の前位修飾なのか形容詞なのか,あいまいな例が多い.

(29) a. But she has been traveling the "big time" vaudeville circuit, from coast to coast, during the last year. (1928)

b. Investigators declared that the abduction had all the earmarks of "big time" criminals. (1934)

最後に,(26c) では強意副詞として「ひどく」という意味を表している.
(26) の名詞,形容詞,副詞の big time はそれぞれ以下のような構造を持っていると考えられる.

(30) a. [[a / the] [big time]]

b. [[big-time] N]

c. [[VP][big time]]

以下では big time の変化を動機づけた要因を考察する.また,新しい意味での使用頻度の増加が,その意味の定着を促進した様子をコーパスのデータに基づいて示したい.

### 4.3.2. 変化を動機づけた実例

以下の議論では,big time の文中のふるまいにしたがって,名詞,前位修飾,述部,形容詞,副詞,独立と,6 つのカテゴリーに分類する.「名詞」は主語,および,動詞や前置詞の目的語となっているものを指す.「前位修飾」は (29) のように名詞の前に位置するもの,「述部」は下の (31a) のように be 動詞と述部を構成するもの,「形容詞」としては (31b) のように統語的

22

に曖昧でないもののみをカウントする．実際には，前位修飾と述部には形容詞とみなすことができる例も含まれるが，前位修飾と形容詞の出現順序を特定するためにこのように区別する．「副詞」は（26c）のように動詞（句）に後続するもの，「独立」とは（31c）のように単独で使われているものとする．

(31) a. He's Big Time, and an Operator; but not big enough, by far.

(1950)

b. (…) stock car racing is as big time as baseball and basketball.

(2002)

c. "I'm a professor at Georgetown University." "Big time." (1993)

この分類にしたがって COHA で big time, big-time, bigtime の年代別出現数を調べた結果が表 1 〜 3 である．[24]

| | 1870 | 1880 | 1890 | 1900 | 1910 | 1920 | 1930 | 1940 | 1950 | 1960 | 1970 | 1980 | 1990 | 2000 |
|---|---|---|---|---|---|---|---|---|---|---|---|---|---|---|
| 名詞 | 1 | 3 | 1 | 4 | 5 | 3 | 8 | 21 | 73 | 15 | 34 | 23 | 27 | 15 |
| 前位修飾 | 0 | 0 | 0 | 0 | 0 | 4 | 6 | 0 | 9 | 1 | 3 | 3 | 0 | 10 |
| 述部 | 0 | 0 | 0 | 0 | 0 | 0 | 0 | 0 | 4 | 1 | 3 | 2 | 4 | 2 |
| 形容詞 | 0 | 0 | 0 | 0 | 0 | 0 | 0 | 0 | 0 | 0 | 0 | 0 | 0 | 1 |
| 副詞 | 0 | 0 | 0 | 0 | 0 | 0 | 0 | 0 | 0 | 0 | 0 | 0 | 24 | 25 |
| 独立 | 0 | 0 | 0 | 0 | 0 | 0 | 0 | 0 | 3 | 1 | 0 | 0 | 4 | 9 |
| 計 | 1 | 3 | 1 | 4 | 5 | 7 | 14 | 21 | 89 | 18 | 40 | 28 | 59 | 62 |

表 1：COHA における big time の出現数

| | 1920 | 1930 | 1940 | 1950 | 1960 | 1970 | 1980 | 1990 | 2000 |
|---|---|---|---|---|---|---|---|---|---|
| 名詞 | 0 | 0 | 1 | 3 | 1 | 0 | 1 | 2 | 2 |
| 前位修飾 | 1 | 22 | 41 | 63 | 46 | 33 | 44 | 73 | 82 |
| 述部 | 0 | 0 | 0 | 0 | 0 | 0 | 0 | 1 | 1 |
| 形容詞 | 0 | 0 | 0 | 0 | 0 | 0 | 0 | 1 | 1 |
| 副詞 | 0 | 0 | 0 | 0 | 0 | 0 | 0 | 15 | 23 |
| 独立 | 0 | 0 | 0 | 0 | 0 | 0 | 0 | 0 | 2 |
| 合計 | 1 | 22 | 42 | 66 | 47 | 33 | 45 | 92 | 111 |

表 2：COHA における big-time の出現数

---

[24] いずれも 2018 年 2 月 13 日に収集したデータによる．

| | 1920 | 1930 | 1940 | 1950 | 1960 | 1970 | 1980 | 1990 | 2000 |
|---|---|---|---|---|---|---|---|---|---|
| 名詞 | 0 | 0 | 0 | 0 | 3 | 0 | 0 | 1 | 1 |
| 前位修飾 | 0 | 3 | 7 | 5 | 0 | 2 | 2 | 6 | 3 |
| 述部 | 0 | 0 | 0 | 0 | 0 | 0 | 0 | 0 | 0 |
| 形容詞 | 0 | 0 | 0 | 0 | 0 | 0 | 0 | 0 | 0 |
| 副詞 | 0 | 0 | 0 | 0 | 0 | 0 | 0 | 5 | 1 |
| 独立 | 0 | 0 | 0 | 0 | 0 | 1 | 0 | 0 | 0 |
| 合計 | 0 | 3 | 7 | 5 | 3 | 3 | 2 | 12 | 5 |

表 3：COHA における bigtime の出現数

表 1 からまず，big time の出現が，名詞＞前位修飾＞述部＞形容詞の順であることがわかる．次に表 2，3 より，初出は，big-time が 1920 年代，bigtime が 1930 年代と big time より 50 年以上遅く，この間に big time の使用が定着したと考えられる．では，名詞から形容詞が発達するプロセスを実例に沿って見よう．

　先に述べたように，原義は a big time として「素晴らしいひととき」である．ここから（32a, b）のようにメトニミー的な意味拡張により「素晴らしいひととき」を提供する劇場や野球選手のような，一流の場所や人という意味で使われるようになる．

(32) a. The 'big time', as such theaters as Percy Williams' and Williams Morris' are termed. (1910)

　　 b. Like as not I will have to go back pitchin' baseball in some bush league on the account I am too old for the Big Time.

(1921)

さて，前位修飾の初期の例が（33）である．

(33) a. But she has been traveling the "big time" vaudeville circuit, from coast to coast, during the last year. (1928)

　　 b. Investigators declared that the abduction had all the earmarks of "big time" criminals. (1934)

いずれも「一流の」という意味であるが，(33b) のように否定的評価を持つ対象にも使われるようになる．他にも crime, operator, gamblin' man, gangster といった名詞との共起が見られる．このような名詞の前位修飾の用例が，形容詞用法の動機づけとなったと考えられる．

　また，表2，3を見ると，big-time, bigtime の初出の次期が，表1の big time の前位修飾の出現時期と重なっていることから，前位修飾では big time が1ユニットの形容詞であるという解釈がこの時期に定着したと考えてよいように思われる．

　次に副詞への発達を考えよう．形容詞としては初期の「一流の」という語彙的意味が希薄化し，(34a, b) のように「すごく（座をしらけさせる）」や「はでに（金を使ってみせる）」という強意の機能が発達する．

(34) a.　About what big time party poopers they are.　　　　(1973)

　　　b.　They played big time spenders. We played their women. (2000)

副詞としては，もっぱら強調のために用いられることを考え合わせると，副詞は強意形容詞から，修飾対象を動詞に拡張させたと考えられよう．

　ただし，統語的には，形容詞と副詞では分布が異なる．この点で興味深いのは，1990年代と2000年代に「独立」用法が現れていることである（表1を参照）．既出の (31c) を再掲する．

(31) c.　"I'm a professor at Georgetown University." "Big time."

この例では話し手の感嘆の気持ちが表されているが，文中の特定の語を修飾する局所的な用法というよりも，より広範囲なスコープを持つように思われる．一方，独立用法の中には，(35) のような例も見られる．

(35) a.　"Thanks anyway, buddy. And thanks for coming. I owe you." "Big time." Renfro smiled then, flashing even white teeth as he finished his self-appointed task.　　　　(1993)

　　　b.　"People say he made a scene." "Big time. He made his wife give me her wedding ring to cover his debt."　　　　(2003)

(35a) では謝意を表すのに相手が「借りができた」という言い回しを使った
のに対して「大きいのがね」と付け加えている．(35b) では「彼は醜態をさ
らしたらしい」という発言を受けて「それもはでにね」とやはり付け加えて
いる．さらに，相手の発言に付け足すというやりとりを，話し手が 1 人で
行っているとみなせるような例もある．

(36) a. (…), you have a chance to play at that next level, big time."

(2005)

　　 b. "This place gives me the creeps, big time," Krause muttered,
　　　　(…)

(2000)

(36a) では話し手が自分の発話内容に「すごいじゃないか」と付加的に感嘆
の気持ちを表している．新聞のスポーツ記事からの例文であり，句読法は出
典にならっていると思われるが，後想 (afterthought) 的であり，主節から
の意味的独立度は比較的高い．一方，同様にカンマで直前の文と区切られて
はいるが，(36b) の big time はより局所的に動詞句が表す事態（「気味が悪
い」）の程度が非常に強いことを強調している．そして同時期に (37) のよ
うな，カンマのない副詞の例が現れ始める．

(37) a. You've fucked up big time.　　　　　　　　　　　　　(1995)
　　 b. Boston Globe columnist Bob Ryan messed up big time (…).

(2003)

独立用法とした (31c) や (35) のような間投詞的用法と，(37) のように文
末に付加的に使用されている例との間には，意味的な類似性に加えて，分布
上の連続性が観察される．この観察から，強意副詞として解釈されるには間
投詞的な独立用法が何らかの役割を担った可能性があるといえよう．

### 4.3.3.　意味変化と使用頻度

　興味深いのは，表 1〜3 で 1940〜50 年代と 1990〜2000 年代と 2 回使用
頻度が急増している時期が見られることである．その時期の増加内容を細か
く観察すると，いくつかの連語の使用頻度が高いことがわかる．詳細は大橋

26

(2018b) に譲るが，前者の時期には big time は，have a big time に加えて，in the big time, into the big time, hit the big time という 1940 年代に初出の連語での出現が名詞用法の約 75 % を占めている．この時期に「一流の人」「一流の地位」「成功」という意味が定着していったことが推測される．

　一方，後者の時期に見られる頻度増加の基盤となったのは「副詞」と「独立用法」における連語関係で，screw up, owe（借りがある），fuck up など否定的な意味を表す動詞との共起が複数観察され，これら以外にも lose, cost, suck, ruin one's life, get in the way, underestimate などとの共起が見られる．これらの動詞との共起は，前位修飾・形容詞としての用法から引き継いだものと考えられる．

　Big-time については，出現数が急増した 1950 年代に，football, sport(s), coach(es/ing), game などの名詞との共起が多く，1930 〜 1940 年代と比較すると，1950 年代における使用頻度の急増は，スポーツ関連の語との共起の増加によるものであることが明らかになった．また，1990 〜 2000 年代には，big time 同様，副詞と独立用法が出現しており，owe や suck との共起関係が見られる．

　以上，big time と big-time の通時的データの観察から，新たな意味が定着する際に頻度が上がること，また，定着においては特定の連語の使用頻度が高くなることが要因であることが明らかになった．


## 5.　おわりに

　本章では文法化を構文における変化と考え，言語使用者のこころと，発話が理解，産出されるコミュニケーションの場の間を IF ととらえ，その IF での発話が，構文変化の契機となることを実例にそって考察した．具体的には，既存の構文から語用論的推意によって新しい構文が発達する様子を観察した．また，構文の変化には，当該の構文だけでなく，類似の意味や形式を持つ構文も関与することがあることを示した．これらの要因を取り入れた分析手法としては，構文を言語の基本単位とする CA が有効であると考えられる．

第 2 章

# 意味論・語用論と言語類型論のインターフェイス[*]

朱　冰 (九州大学)・堀江　薫 (名古屋大学)

## 1.　はじめに

　言語類型論 (Linguistic Typology) は，言語の全体像やその構成部分の分類を，それらが共有する形式的特徴に基づいて行い，世界の言語の多様性 (バリエーション) と普遍性 (共通性) の両面を捉えようとする学問分野である (コムリー (1992)，ウェイリー (2006)，堀江・秋田・北野 (2021))．言語類型論の研究史を遡ると，シュレーゲル兄弟を代表とする初期の類型論学者は，形態的特徴に基づいて言語全体に特徴付け，世界の諸言語を例 (1) のように接辞型 (膠着語)，屈折型 (屈折語) と無変化型 (孤立語) に分類した．

　(1) a.　接辞型 (例：ルンディ語)

　　　　Y-a-bi-gur-i-ye　　　　　　　　　　　　　　abâna

　　　　名詞 1 類-過去-名詞 8 類. それらを-買う-適用形-アスペクト 名詞 2 類. 子供たち

　　　　「彼はそれらを子供たちに買ってやった.」

---

　* 本章の執筆にあたって，JSPS 科研費若手研究 19K13191「中国語のモダリティにおける接続詞・談話標識への転成：構文化と言語類型論の観点から」(研究代表者：朱冰) および基盤研究 (C)20K00603「「相対補充」名詞修飾節における推論の役割に関する通言語的研究：日韓語を中心に」(研究代表者：堀江薫) の支援を一部受けている.

b. 屈折型（例：古代ギリシアアッティカ方言）

hoi stratiōtai ēgoradz-on　　　　　　　　ta epitēdeia

その 兵士たち　買う-三人称複数：未完了：能動態：直接法 その物資

「その兵士たちはその物資を買っていた.」

c. 無変化型（例：中国語（北京官話））

我　买　了　　水果　了.

私　買う　完了　果物　小辞

「私は果物を買った.」

（ウェイリー（2006: 25-26），一部修正）

このように言語の構造を全体的に捉える「全体類型論」志向の研究は，1960年代，グリーンバーグによる語順の普遍性を考察した研究論文（Greenberg (1966)）の発表をきっかけに，転換期を迎えた．Greenberg (1966) は，系統的・地理的に分散している 30 言語のデータを調査し，(2) のような語順に関する普遍性を含めて 45 の普遍法則を提示した.[1] これらの普遍法則の大半は，「もし p であれば q である」という含意的普遍性（implicational universal）を表す法則である.[2] 例えば，(2a) の法則 4 は「もしある言語の基本語順が SOV であれば，その言語は後置詞を持つ」と言い換えることもできる.

(2) a. 法則 4「偶然より圧倒的に大きな頻度で，基本語順が SOV である言語は後置詞を持つ.」

b. 法則 5「もしある言語の支配的語順が SOV で，そして所有格が名詞の後に来れば，形容詞も名詞の後に来る.」

（Greenberg (1966: 62)）

Greenberg (1966) の語順類型論の研究を嚆矢として，特に 1970 年代，語

---

[1] 以降，特に断らない限り，日本語以外の引用・例文の日本語訳はすべて筆者らによるものである.

[2] 一方，「すべての言語は子音と母音を持つ」「すべての言語には疑問文がある」のようなすべての言語にあてはまる普遍性は絶対的普遍性（absolute universal）と呼ばれる.

順 (Li (1975))，主語・主題の標示 (Li (1976))，関係節 (Keenan and Comrie (1977)) といった統語現象に関する重要な類型論的研究が相次いで出版され，「全体類型論」志向の研究が次第に背景化され，言語間で比較可能な構造的特徴に関心を持つ「部分類型論」の研究は現代の言語類型論の主流となってきた．さらに，類型論的文法現象に対する説明について，言語類型論は，言語の構造的特徴が，言語が果たしているコミュニケーション機能と相互に影響しあっているという言語観を共有する機能主義的言語学との連携が深まり，言語類型論の機能主義的なオリエンテーションが確立されるようになった (堀江・パルデシ (2009: 16-17))．

　冒頭の定義と以上の研究史からわかるように，これまでの言語類型論研究は，主として言語の形式的特徴に焦点を当てており，形態論・統語論と比べると，意味論・語用論との結びつきが薄いような印象を受ける．しかし，ウェイリー (2006: 21) が指摘しているように，形式的特徴は意味を伝えるために使われるものであることから，類型論の定義では直接的に意味に言及されていないとしても，意味面の考慮を排除するものと受け取るべきではない．本章は，意味論・語用論と言語類型論のインターフェイスをめぐって，これまでの代表的な研究と，筆者ら（及び共同研究者）が行ってきた研究を概説するものである．2 節では，意味を出発点として類型化を行う意味類型論 (semantic typology) の研究を取り上げる．3 節では，モダリティ (modality) という意味カテゴリーの通時的発達を代表例として，意味変化（歴史言語学）と言語類型論の融合的研究を概観する．語用論と言語類型論のインターフェイスはさらに開拓すべき領域であるが，4 節では名詞修飾節の解釈における語用論的推論の役割について言語間のバリエーションを観察する．最後に，5 節では本章の内容をまとめ，今後の展望を述べる．

## 2.　意味類型論

### 2.1.　はじめに

　意味類型論は，言語表現の意味的側面に注目し，異なる言語がどのように記号を使って意味を表すのか，という問題について体系的な通言語的研究を

行う分野である．そして言語類型論研究の一部分として，言語間に見られる
驚くべき多様性及びその深層にある規則性を見出すことに関心を抱いている
（Evans（2011: 504-505））．意味類型論は近年成立しつつある新しい研究分野
であるが，その歴史的な背景には，「思考と言語（構造）」の相関を主張する
「サピア＝ウォーフの仮説（the Sapir-Whorf hypothesis）」（「言語相対性
（linguistic relativity）」の仮説ともいう）がある．つまり，異なる言語の話
者が，同じもの・ことについて言葉で表す際には，その使用される言語の仕
組みによって，言語化するパターンが異なり，考え方の違いが見られるとい
う仮説である．例えば，身体部位の捉え方について，それを言語化する際の
詳しさから言語間の違いが窺える（Anderson（1978））．英語では arm（腕）と
hand（手）をはっきり区別しているが，セルビア・クロアチア語では腕と手
をまとめて ruk-a という言葉で表している．一方，セルビア・クロアチア語
では nokot（指の爪）のほか，爪半月の部分を個別的に表す noktište（爪半月）
という表現も存在しているが，英語では細かく区別せず，基本的に finger-
nail（指の爪）しか使われていない．言語間にはこのような語彙レベルの多様
性が存在するほか，文法レベルにおいて同じ事象を言語化するパターンにも
バリエーションが見られる．本節では，語彙レベルのさらなる具体例として
色彩語彙の類型論を紹介し，文法レベルの具体例としては移動表現の類型論
を取り上げる．

## 2.2.　色彩語彙の類型論

　異なる言語の話者に同じ赤色の紙を見せてその色を母語で答えさせると，
必ずしも日本語の「赤い」や英語の red にぴったり対応する単語が出てくる
とは限らない．言語によって色彩語彙の数が異なり，たとえ赤，緑，青のよ
うな日常生活でよく目に入る色であっても，それを表す色彩語彙が欠如する
言語も少なくない．その代わりに，その色をする典型的なものを表す言葉が
使われることがある．通言語的な観点から色彩語彙に関する言語間の多様性
と規則性を考察したものとして，これまで Berlin and Kay（1969）をはじ
めとする基本的な色彩語彙に関する研究が注目されてきた．Berlin and Kay
（1969）によれば，言語間には色彩語彙の数が異なるにもかかわらず，通言

語的に限られた数の基本的な色彩語彙を認定することができる．そして基本的な色彩語彙は図 1 のような含意的階層にしたがって配置されているという．

$$\begin{matrix} 白 \\ 黒 \end{matrix} < 赤 < \begin{matrix} 緑 \\ 黄 \end{matrix} < 青 < 茶色 < \begin{matrix} 紫 \\ ピンク色 \\ オレンジ色 \\ 灰色 \end{matrix}$$

図 1：基本的な色彩語彙の階層（Berlin and Kay（1969: 4））

　まず，基本的な色彩語彙のリストに入るためには，より小さな言語単位に分割できない語であり，ほかの色彩語彙の意味に含まれておらず，そして広く使われているもの，といった条件を満たさなければならない（ibid: 6）．そのため，lemon-colored（淡黄色の）のような複合語や，scarlet（緋色の）のような赤色の一種と考えられるものは排除される．主に髪などの色を表す blond（金髪の）といった使用範囲が限定されたものも基本的な色彩語彙のリストから排除される．すべての言語に同じ数の基本的な色彩語彙が存在しているわけではないが，図 1 に示された含意的階層に沿って，左から右へと優先順位をつけて配置されていると観察される．例えば，どの言語においても白と黒を表す語彙は存在する．もしある言語が 3 つの基本的な色彩語彙を持っているならば，それは白と黒に加えて，赤を表す語彙であるはずである（ibid: 2）．

　意味カテゴリーの通言語的な多様性と規則性を示した基本的な色彩語彙の研究は，語彙的類型論の古典例としてしばしば取り上げられているが，調査対象となった言語が世界の言語のうち 5％程度であったことから，図 1 の階層に必ずしも従わない言語の例も報告されてきた．特に一部の言語においてはそもそも英語の colour に対応する単語や基本的な色彩語彙が欠けており，「色」という概念自体が十分に確立していない可能性がある．例えば，オーストラリアの原住民言語ワルピリ語（Warlpiri）では色彩語彙が発達しておらず，ワルピリ語の話者は，目の前にある物体について，その色というより，yalyu-yalyu（直訳：血-血），yukuri-yukuri（直訳：草-草），kunjuru-kunj-

32

uru（直訳：煙-煙）のような畳語を使ってそれが何に似ているかと説明する傾向がある．つまり，ワルピリ語の話者は，色のような物体の固有の特徴の代わりに，自分の周りに存在している視覚上の印象的なものにまず目を向けると考えられる（Goddard and Wierzbicka (2014: 94)）．[3]

## 2.3. 移動表現の類型論

次に取り上げるのは，移動表現の類型論的研究である．人が歩いたり，ボールが転がったりするようないわゆる「移動事象（motion event）」は，日常生活によく見かけるもので，その言語化されるパターンも注目される問題となる．同じ移動事象について，移動の経路，移動の様態などの要素がどのように表現され，どのような言語間のバリエーションが見られるかを，類型化することができる．例えば，田中さんが外から部屋の中に移動するという事象について，その移動の経路は，日本語（例 (3a)）では動詞「入る」に統合されているが，英語（例 (3b)）と中国語（例 (3c)）ではそれぞれ動詞に付随される不変化詞 into と方向述語 "进" によって表される．

(3) a. 田中さんは部屋の中に入った．
　　 b. Tanaka walked into the room.
　　 c. 田中　　走　　进　　房间　了.
　　　　 田中さん　歩く　入る　部屋　小辞

Talmy (1991, 2000b) は以上のような経路の言語化パターンに基づき，世界の諸言語を大きく「動詞枠付け言語（verb-framed language）」と「衛星枠付け言語（satellite-framed language）」（または付随要素枠付け言語）という2 タイプに分けている．前者は日本語，フランス語，スペイン語のように経路が主動詞によって表されるもので，後者は英語，ドイツ語，中国語のよう

---

　[3] Goddard and Wierzbicka (2014) は，ワルピリ語を含めて一部の言語では「色」という概念自体が十分に確立していない可能性があると指摘し，Berlin and Kay (1969) のアプローチに批判的な立場を示している．一方，「見る（see）」という概念は言語間に普遍的に存在しているとし，色彩の意味論の代わりに，「視覚意味論（visual semantics）」を提唱している．

に経路がほかの付随要素によって表されるものとされている.[4]

　タルミーが提案した移動表現の類型論は,移動の経路に焦点を当て,諸言語の異なる表現パターンを特徴付けて分類を行っているが,動詞・付随要素・枠付けといった概念の定義から同一言語における類型の一貫性まで,問題点や未解決の課題をいくつか抱えている(例:松本(2017)).例えば,付随要素によって経路が表される場合,すべてのケースが「姉妹関係の位置にある形態素」という付随要素の定義に当てはまるとは限らず,英語の down the river や日本語の「部屋の中に」のように,動詞の取る項(前置詞句,名詞句)の内部に経路が示されることがある(松本(2017: 7)).そのため,Matsumoto (2003),松本(2017)の一連の研究では付随要素というより,非主要部(nonhead)または主要部外(head-external)要素と名付けたほうがより適切だとされ,Talmy の類型論を「経路主要部表示型」と「経路主要部外表示型」とする用語の修正が行われた.一方,タイ語(例(4))のように複数の主要部(主動詞)があり,その1つによって経路が表される言語は,「共主要部表示型」と呼ばれる.

(4)　kháw wîng khâw pay nay bâan
　　　s/he run　enter　go　in　 house
　　　'S/he ran into the house.'

(松本 (2017: 8))

なお,例(5)のように動詞枠付け言語とされる日本語においては,経路が主動詞以外の要素(「〜の方へ」)によって表される場合もあり,言語内の類型的変異が観察できる.

(5)　太郎が駅の方へ走った.　　　　　　　　(松本 (2017: 12))

　例(3)-(5)のような主体移動表現のほか,目的語の移動を表す客体移動表現(または使役移動表現)(例(6))と視線の移動を表す抽象的放射表現(例

---

[4] 移動表現の類型論について,タルミーの理論自体は変遷があり,それに対する詳細な解説は松本(2017)を参照されたい.

(7)) も，移動表現の研究射程に収められるようになっている．

    (6)   Bill threw the ball into the catcher's mitt.

    (7)   Sally looked into the mirror.

(松本 (2017: 9))

さらに，経路表現におけるダイクシス（直示表現）の統合性，様態表現など
の問題も注目され，より包括的な移動表現の類型論が構築されつつある．


## 3.　意味変化と言語類型論

### 3.1.　はじめに

  第2節では共時的レベルにおける意味論と言語類型論の接点を見てきた
が，本節では通時的観点から両者の接点を概観する．言語形式は，その音
（音声），構造（形態・統語）から，指示対象（意味），運用場面（語用）まで，
刻々と変化しているものである（本書第3章も参照）．言語変化のパターンが
言語によって多種多様でありながら，言語間には類似した変化も常に起きて
いる．例えば，ヨーロッパの諸言語を中心に不定冠詞を持つ多くの言語で
は，不定冠詞は基数詞「一」に由来したもので，英語の a / an，ドイツ語の
ein，フランス語の un などの例が挙げられる（例：Heine and Kuteva (2002,
2006), Kuteva et al. (2019)）．基数詞「二」から双数 (dual) を表すマーカー
への変化も，印欧語 (Indo-European languages)，オーストロネシア諸語
(Austronesian languages)，シナ・チベット諸語 (Sino-Tibetan languages)
など，世界中の言語の中で広く観察されている（例：Heine and Kuteva (2002),
Shields (2004), Kuteva et al. (2019)）．(8) は南太平洋にあるアンブリム島で
話されるアンブリム語（Ambrym）の例である．「二」を表す基数詞 ru（例
(8a)）は，人称代名詞などにつける双数を表す接辞 -ro（例 (8b)）に変化して
いると考えられる．

    (8)　a.　　vantɛn　　ŋa　　ru
           男　　　　小辞　二

「二人の男」

b.　ŋe-ro

彼ら‐双数

「彼ら二人」

(Paton（1971: 16, 44-46））

以上のような通言語的に見られる変化パターンに基づき，通時的な変化に関する言語間の規則性と多様性を追究する分野は通時的類型論（diachronic typology）と呼ばれる．特に，文法的意味の通時的な発達を注目する文法化（grammaticalization）の研究は，これまで言語類型論の視点を取り入れ，通言語的に存在している意味変化の経路を数多く提示してきた．本節は，文法化の類型論的研究についてモダリティ表現の通時的変化という具体例を通じて紹介する．

## 3.2.　文法化の類型論的研究：モダリティを例として

文法化は Hopper and Traugott（2003: 18）の定義によると，語彙的項目または構文が，ある文脈において文法的機能を担うようになり，一旦文法的表現になると，さらに新しい文法的機能を発達させ続けるという言語変化の現象である．文法化と認められるものは，次の一部またはすべての変化が生じていると考えられる（Heine and Kuteva（2002: 2），Narrog and Heine（2018: 1），本書第 1 章も参照）．

(9)　a.　拡張（extension）：新しい文脈における生起

　　b.　脱意味化（desemanticization）：意味内容の喪失または一般化

　　c.　脱カテゴリー化（decategorialization）：属している語彙クラスまたは文法カテゴリーの形態的・統語的特徴の喪失

　　d.　侵食（erosion）：音声上の縮小

文法化の定義からわかるように，ある文脈における新しい文法的機能の獲

得，つまり意味変化は，文法化の中核的な位置を占めているといえる．[5] これまでの文法化研究においても，Bybee et al. (1994)，Heine and Kuteva (2002)，Kuteva et al. (2019) をはじめ，言語間に広く観察されている意味変化の経路が数多く明らかにされてきた．ここではモダリティ表現の発達を代表例として，モーダル（modal）的意味と関わる主な文法化経路を取り上げる．[6]

　モダリティは発話内容に対する話し手の態度を示す表現で，ある出来事が起きる必然性や可能性といった意味を表すものである．Ziegeler (2011: 595) が指摘したように，文法化のいかなるトピックを議論する際にも，モダリティは避けて通れないテーマの1つである．モダリティの文法化研究は，通言語的に存在する拡張経路の解明を中心に生産的に行われている（例：Bybee et al. (1994)，van der Auwera and Plungian (1998)，Narrog (2005, 2012)）．通時的類型論の観点からモダリティの文法化を体系的に捉える草分け的な研究として，まず Bybee et al. (1994) を挙げることができる．Bybee et al. (1994) は，類型論的に均衡の取れた76の言語サンプルに基づき，以下図2−図4のように「能力（ability）」，「義務（obligation）」，「願望（desire）」と「指向性移動（movement toward）」の意味を起点としたモダリティの文法化経路を提示した．[7]

---

　[5] 一方，音声・形態・統語といった形式上の変化は，接辞や語形変化が発達している膠着語と屈折語では同時に生じる場合が多く見られるが（例：Lehmann (1995)），主に語順によって意味を表す孤立語では必ずしも顕著に観察されるものではない．例えば，Bisang (2004, 2011) は東アジアや東南アジア大陸部の言語（例：中国語，クメール語，タイ語）では，語用論的推論による意味変化が目立ち，それに伴う形式上の変化はわずか一部しか見られないと指摘し，言語の地域類型論的な特徴と文法化との関連性を強調している．
　[6] 本章では，「モダリティ」という用語はテンス・アスペクトと並ぶ文法カテゴリーを指すものとして使用する．一方，「モーダル」は主にモダリティ表現が持つ意味機能を指す．
　[7] モダリティ体系の構成（定義），モーダル的意味の分類及び用語は，研究者によって異なる．これまでの代表的な研究におけるモーダル的意味の分類と用語に関する詳細な概観は，Narrog (2012: 287-290) を参照されたい．

図 2：「能力」からの拡張経路 (Bybee et al. (1994: 240))

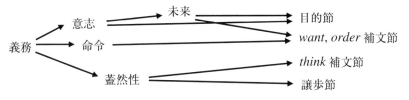

図 3：「義務」からの拡張経路 (Bybee et al. (1994: 240))

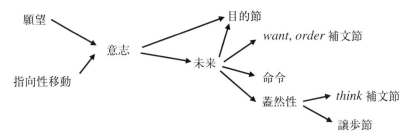

図 4：「欲望」と「指向性移動」からの拡張経路 (Bybee et al. (1994: 240)).

　図 3 における義務から蓋然性への経路を取り上げて具体例で示すと，英語の法助動詞 must は，義務 (obligation)（例 (10a)）と蓋然性 (probability)（例 (10b)）両方の意味を表すことができ，後者は前者から拡張したものだと考えられる.

(10) a.　You must come home.
　　　　　「あなたは家に帰らなければならない.」
　　 b.　You must have been home last night.
　　　　　「あなたは昨夜家にいたに違いない.」

(Sweetser (1990: 57))

義務から蓋然性への意味拡張は，言語間に広く観察されるものである．英語

の must のほか，ドイツ語の müssen や中国語の"須"などにも類似した変化が起きている．さらに，この意味拡張のメカニズムについて，Sweetser (1990) は，義務（または束縛的必然性）の意味を「主体にある動作を遂行させるための社会物理世界における強制的な力」，蓋然性（または認識的必然性）の意味を「ある結論に辿りつくための精神世界における強制的な力」とそれぞれ想定し，前者から後者への意味拡張はいわゆる社会物理世界から精神世界へのメタファー的な写像と説明している．一方，Traugott (1989), Traugott and Dasher (2002), Hopper and Traugott (2003) をはじめとする一連の研究では，語用論的推論が意味変化の重要なメカニズムとされ，例えば "You must be careful." における must は，(11) のような語用論的推論のプロセスを経て束縛的意味（義務）から認識的意味（蓋然性）へ拡張したと想定できる．

(11) a.　You are required to be very careful.　(束縛的意味；主観性が弱い)

　　 b.　I require you to be very careful.　　 (束縛的意味；主観性が強い)

　　 c.　It is obvious from evidence that you are very careful.

　　　　　　　　　　　　　　　　　　　　(認識的意味；主観性が弱い)

　　 d.　I conclude that you are very careful. (認識的意味；主観性が強い)

　　　　　　　　　　　　　　　　　　　　　(Traugott (1989: 36))

そして，意味変化の一般的な方向性として，常に命題内容に対する話し手の主観的信念や態度を表す意味へ変化するという「主観化（subjectification）」の概念を提唱し，義務から蓋然性への変化も主観化の一例と主張している．

　これまでのモダリティの文法化研究では，語彙的意味を持つ内容語から文法的機能を果たすモダリティ表現への変化（例：動詞から法助動詞への変化）及び典型的なモーダル的意味間の変化（例：義務から蓋然性への変化）を議論するものが多かった．実際は，図 2-図 4 における経路の末端部分が示しているように，Bybee et al. (1994) は主節（または単文）におけるモダリティの用法と，条件（protasis），譲歩（concessive），目的（purpose）のような副詞節や think, want, order などの意味を表す述語の補文節などの従属節におけるモダリティの用法を区別し，前者から後者への拡張経路も体系

的に記述している．例えば，認識的可能性を表す英語の法助動詞 should と may は，例（12）のようにそれぞれ条件と譲歩を表す節連結機能も獲得している．また，義務を表す should は例（13）のように主節述語 expect の補文節に生起する場合，「義務」とは解釈できず，仮定法として使われるものである．

(12) a.　Should he not be home, call him at the office.
　　　　「万一彼が家にいなかったら，彼の事務所に電話して．」
(van der Auwera (1999: 55))

　　 b.　He may be a university professor, but he sure is dumb.
　　　　「彼は大学教授かもしれないが，間違いなく愚か者だ．」
(Sweetser (1990: 70))

(13)　The police are expecting that the Libyans should make the first move.
　　　「警察はリビア人が先に行動を起こせばと期待している．」
(Bybee et al. (1994: 215))

van der Auwera and Plungian (1998) は，このような補文節における用法，条件・譲歩のような副詞節をマークする機能や命令のような発話行為的機能などを，典型的なモーダル的意味を表す領域から逸脱したものとし，ポストモーダル (post-modal) 機能と呼んでいる．

　ポストモーダルへの拡張変化は，Bybee et al. (1994)，van der Auwera and Plungian (1998) が提案したモダリティの通言語的な文法化経路の中で簡単に触れられて以来，それほど強い関心が寄せられていないが，言語によって顕著に観察できる場合もある．筆者らは中国語のデータに基づいて，次の3つのポストモーダルへの拡張パターンを同定し，モダリティ表現から接続詞・談話標識への転成を体系的に考察した（朱冰 (2018)，Zhu and Horie (2018)，朱・堀江 (2021)）．

(14) a.　法助動詞の接続詞化
　　 b.　禁止表現の接続詞化

40

    c.　法助動詞（節）の談話標識化

さらに，それぞれの拡張パターンについて，これまでの類型論研究ではあまり報告されていなかった拡張経路を提示し，ポストモーダル機能の発達における多様性と複雑性を示した．例えば，(14a)「法助動詞の接続詞化」について中国語の義務（または束縛的必然性）を表す法助動詞"必须"は，例(15) のように必要条件を表す従属節に現れ，強調を表す副詞"才"と組み合わせて，その条件を満たしてはじめて主節の結果が生じるという意味を表すことができる．"必须"は義務という典型的なモーダル的意味より，必要条件をマークする節連結機能を積極的に果たしている．つまり，中国語では義務から必要条件への拡張経路が存在すると考えられる．

(15)　人体　<u>必须</u>　　　　　毎天　摂取　　一定数量　的　蛋白质，
    人体　なければならない　毎日　摂取する　一定量　　　の　タンパク質

    全身　的　細胞　<u>才</u>　能　　正常　　活动.
    全身　の　細胞　強調　できる　正常的に　活動する

    「人体は毎日一定量のタンパク質を摂取<u>してはじめて</u>，全身の細胞が正常的に動くようになる．」

                                                    (CCL)[8]

(14b)「禁止表現の接続詞化」について，中国語では禁止（否定の命令）を表す"别"といった禁止マーカーは，一部の動詞と組み合わさり，接続詞に変化している．[9] 例えば，例(16a) における"别说"は，もともと禁止マーカー"别"と発話動詞"说"（言う）の組み合わせで「〜と言うな／〜と言わないで」という意味の禁止表現であるが，一語化し，英語の let alone や日本語の「〜と言うまでもなく／まして〜なんて」に近い尺度添加（scalar additive）の意味を表す接続詞となっている．例(16b) における譲歩を表す接

---

   [8]　CCL コーパス（北京大学中国言語学研究センターコーパス http://ccl.pku.cn:8080/ccl_corpus/index.jsp）

   [9]　禁止の意味はもともと典型的なモーダル的意味に分類されていないかもしれないが，ここではモダリティの文法化の後期段階に生じた諸変化の1つとして，ポストモーダル機能への拡張をやや広く捉えている．

続詞 "別看" は，禁止マーカー "別" と視覚動詞 "看"（見る）の組み合わせ
に由来したものである．

(16) a.　<u>別说</u>　　观看　　这　场　惊心动魄　　　　的　比赛，
　　　　禁止-言う　鑑賞する　この　量詞　人の心を強く揺さぶる　の　試合
　　　　提前　想想　　就　让　　人　荡气回肠.
　　　　事前に　想像する　強調　させる　人　深い感動を与える
　　　　「この人の心を強く揺さぶる試合を見ることは<u>言うまでもなく</u>，
　　　　事前に想像するだけでも人を深く感動させるだろう.」
　　　　(CCL)

　　b.　<u>別看</u>　　C　的　年纪　小,　　他　的　演技　和　造型
　　　　禁止-見る　人名　の　年齢　小さい　彼　の　演技　と　造形
　　　　已经　　得到　了　大家　的　全体　认可.
　　　　すでに　得る　完了　みんな　の　全体　認める
　　　　「C さんはまだ若い<u>が</u>，彼の演技と造形はすでにみんなに認めら
　　　　れている.」
　　　　　　　　　　　　　　　　　　　　　　　　　　　　　(CCL)

　Bybee et al.（1994）が提示したモダリティの文法化経路は，通言語的な
言語事実によって裏付けられているものの，適合されにくい言語もある．例
えば，日本語のモダリティ表現（例:「〜べきだ」,「〜なければならない」,
「〜かもしれない」）は，基本的に 1 種類のモーダル的意味しか表せず,「義
務から蓋然性へ」のような意味拡張は観察されていない.[10] また，一見適用
可能な言語においても，それぞれの言語の特徴により，変化経路が微妙に異
なる場合もある．例えば，中国語の義務を表す法助動詞 "必须" は，単音節
の法助動詞 "必" と "须" の組み合わせに由来した二音節のものである．現
代語では，"必须" は義務の意味しか表さないが，歴史上，蓋然性の意味を

---

[10] 古代日本語では,「べし」のような「義務」と「（蓋然性に関する）推量」の意味を両方
持つ形式が存在するが，いずれの意味が歴史的に先行するかを確定することは難しいとい
う（例：Horie (1997), Narrog (2002)）.

表せる時期もあった．単音節の"必"と"須"にはそれぞれ「義務から蓋然性へ」の意味変化が確認されているが，二音節の"必須"における蓋然性の意味は，直接"必須"が持つ義務の意味から拡張したものではなく，蓋然性の意味をそれぞれ獲得した"必"と"須"の組み合わせに由来したものだと指摘されている（朱冠明（2008））．言い換えれば，二音節の"必須"に起きていた「義務から蓋然性へ」の意味変化は，実際は二音節化という中国語史における重要な形態的変化にも密接に関わっている．

## 4. 語用論と言語類型論

前節までで述べられた意味論に比べると，語用論と言語類型論の相互関係は，まだ十分に考究されているとは言い難い．その中で，堀江（2016: 135-136）で言及した「語用論的類型論（pragmatic typology）」という研究分野は注目すべき動向であるが，まだ明確な学問のパラダイムを形成してはいない．

一方，筆者（堀江）のこれまでの研究を通じて，いくつかの文法現象（例：名詞修飾節，受動構文，指示詞）において，言語間で文法と語用論の境界線の設定の仕方が異なることが明らかになってきている．以下では，「名詞修飾節」に着目し，語用論的な観点からの類型論研究の可能性を検討する．この分野では日本語の言語事実がきわめて重要な貢献を類型論研究に果たしている．名詞修飾節は主要部名詞と修飾節からなる構造で，言語類型論においては「関係節（relative clause）」と呼ばれ，日本語学においては伝統的に「連体修飾節」と呼ばれる．本節では「関係節」と「名詞修飾節」という用語を併用する．

関係節の類型論的研究としては，1970 年代にキーナンとコムリーにより著された，非常に影響力の大きい Keenan and Comrie（1977）があげられる．キーナンとコムリーは，主要部名詞が文中で担っている文法関係に基づいて「主語＞直接目的語＞斜格語句＞所有者」（ウェイリー（2006: 268））という含意的階層を提唱した．この階層は，通言語的に最も関係節が作りやすいのは「主語」名詞句であり，主語名詞句と斜格語句の関係節化は許容される

が，中間の直接目的語名詞句の関係節が許容されるような言語は存在しないことを示している．「名詞句接近可能性階層（NP accessibility hierarchy）」と称されるこの含意的階層は，類型論にとどまらず第一・第二言語習得研究や心理言語学的研究にも応用され，例えば第一言語における関係節の習得順序は上記の階層に従うとされ，それを裏付ける調査結果も発表された（大関（2008）を参照）．

　ただし，その後，寺村秀夫氏による洞察的な日本語名詞修飾節の一連の研究（寺村（1992））を踏まえ，フィルモアのフレーム意味論（frame semantics）を援用した，語用論的観点からの松本善子氏の日本語名詞修飾節の分析が著され（松本（1993），Matsumoto（1997）），やがて関係節の類型論的研究にも影響を与えるようになった．具体的には，名詞句接近可能性階層に従い，「主名詞が関係代名詞または修飾節内の空所と同一指示関係にあることによって」（松本（2014: 559））統語的に規定できる「関係節」を有する言語が存在する一方で，「関係節」よりも機能的な領域の広い「名詞修飾節」を有する言語が日本語以外にも広くユーラシアの諸言語にも見られることが明らかになった．この「名詞修飾節」は，「関係節」のみならず「補文節」や，語用論や世界知識によって意味解釈が補われる必要のある「短絡」（寺村（1992））の関係を表す名詞修飾節など複数の構造が同じ基本構造を有し，「汎用的名詞修飾構文（Generalized Noun Modifying Clause Construction），GNMCC」と松本が呼ぶところの構造である．「汎用的名詞修飾節構文」の概念は，従来の「関係節」を中心とした類型論研究にパラダイムシフトをもたらした（Comrie and Horie (1995)，Comrie (2002)，Matsumoto, Comrie and Sells (2017)，パルデシ・堀江 (2020)）．

　汎用的名詞修飾構文の特徴の 1 つは，意味論・語用論的解釈の融通性が高い点である．本節では，これまでの言語類型論分野で十分に関心が払われていなかったタイプの汎用的名詞修飾節構文に着目する．それは，寺村（1992）が「相対性」の名詞と命名した例（17）に示す一群の名詞を主名詞とする名詞修飾節である．

　(17) a.　[たばこを買った] おつり

    b.　［美奈子を殺した］罰

    c.　［米子に泊まった］朝

（寺村（1992: 288-290））

　寺村（1992）によれば，これらの相対名詞は，（18a）のような意味的特徴を有し，名詞修飾節になった場合（18b）のような特徴を持つ．

(18)　a.　主名詞が「相対的関係」を表す（例：前⇔後，左⇔右，前日⇔（当日）⇔翌日，原因⇔結果，罪⇔罰）

    b.　主名詞に「は」をつけて「主題―解説」文に展開することができない．（例：（17b）から「罰は美奈子を殺したことだ.」を展開できない）

　上述した近年の言語類型論研究においても，「相対的関係」を主要部とする（17）のような名詞修飾節に関する研究は筆者の知る限り体系的に行われてきていない．以下では，筆者（堀江）が李載賢氏，クロヤン・ルイザ氏と行った日韓語（李・堀江（2020））及び日本語・アルメニア語（クロヤン・堀江（2020））の対照研究の知見を紹介する．これらの研究においては空間的・時間的情報を表す相対名詞を主要部とする名詞修飾節において語用論的推論が果たす役割の違いを調査した．

　まず，名詞修飾節の位置や文法構造がよく類似していると指摘される韓国語においては，例（19）に示したように修飾節と主名詞の意味関係を推論に任せて解釈するのが容易な場合と困難な場合が混在している．

(19)　a.　[tampay-lul sa-n]　　　?(pat-un)　canton
      たばこ-対格　買う-過去連体形　（もらう-過去）　おつり
      「たばこを買った（買って受け取った）おつり」

    b.　[minako-lul cwuki-n]　　(kes-ey tayhan) pel
      美奈子-対格　殺す-過去連体形　（ことに対する）　罰
      「美奈子を殺した（ことに対する）罰」

    c.　[yonako-ey memu-n]　　*(taumnal) achim
      米子-に　泊まる-過去連体形　（翌日）　朝

「米子に泊まった（翌日の）朝」

（李・堀江（2020: 44））

　空間的相対名詞を主要部とする名詞修飾節の場合，例（20a）の日本語で
は修飾節と主名詞の間に「ところ」や「場所」といった名詞が省略されてい
ると想定することができる（成田（1994））．そして，具体的な空間を表す「と
ころ」や「場所」を想定することによって，修飾節「資材などが置かれてい
る」が主名詞「奥」が指し示す場所・位置の基準点を表すことができる．

(20)　a.　[資材などが置かれている]（ところの／場所の／φ）奥に，木箱
　　　　　が二つ並んでいる．　　　　　　　　　　　（BCCWJ，一部修正）

　　　b.　?[cacay tung-i　　nohyeiss-nun]　　　　　anccok（안쪽）-ey
　　　　　資材　　など-主格　置かれている-現在連体形　奥側-に

　　　c.　[cacay tung-i　　nohyeiss-nun]
　　　　　資材　　など-主格　置かれている-現在連体形
　　　　　{changko（창고）/ kos（곳）} anccok （안쪽）-ey
　　　　　倉庫　　　　　　ところ　　　奥側-に

（李・堀江（2020: 47））

　一方，これに対応する韓国語（例（20b））は完全に非文ということはない
が，基準点を「changko（창고）」（倉庫），「kos（곳）」（ところ）などの空間
名詞で明示した例（20c）に比べると容認性が低くなる．それは例（20b）の
修飾節が「資材などが置かれている」という事象（状態）を表しているだけ
で，相対名詞「anccok（안쪽）」（奥側）が「どこ（何）に対しての奥側なの
か」を同定する基準点として捉えうる場所や位置ではないからである．この
場合，韓国語では具体的に「どこ（何）の奥側」であるかを，修飾節と主名
詞の間に置かれる「changko（창고）」（倉庫），「kos（곳）」（ところ）などの
空間名詞によって明示的に補う必要がある．つまり，日本語に比べて，韓国
語においては推論だけでは不十分であり，相対名詞の基準点を特定の空間名
詞によって補うことによって解釈が行われていることがわかる．

　日韓語の間に見られたような，空間的相対名詞を主要部とする名詞修飾節

において推論の果たす役割の範囲の相違は，日本語とアルメニア語の間にも見られる（クロヤン・堀江（2020））．具体的に例（21）の名詞修飾節を見てみよう．例（21a）はアルメニア語において成立するが，（21b）は成立しない．これは，アルメニア語の「空間」を主要部とする非定形名詞修飾表現では，主節と修飾節の間に空間的な隣接性・密接性が要求されるという制約が関わっていることを示している．

(21) a. [erexaner-i　　　xał-al-u]　　　　　harevanut'y-amb
　　　　子供：複数-属格　遊ぶ-不定詞-属格　隣-具格
　　　　「子供たちの遊んでいる隣で（例：子供たちの遊んでいる（場所の）隣で）」

　　b. *[erexaner-i　　　xał-al-u]　　　　harevan senyak-um …
　　　　子供：複数-属格　遊ぶ-不定詞-属格　隣　　　部屋-位格
　　　　「子供たちの遊んでいる隣の部屋で（例：子供たちの遊んでいる（部屋の）隣の部屋で）」

（クロヤン・堀江（2020: 217））

上記の観察を敷衍すると，アルメニア語の名詞修飾表現においては，主要部名詞と修飾節の間に許容される意味解釈上の懸隔（ギャップ）の範囲が日本語よりも狭いことがわかる．具体的には，アルメニア語においては「時空間上の隣接性・密接性あるいは直接的な因果関係」が言語的に明示されていることが日本語よりも強く要請されるという相違点がある．逆に言うと，日本語では可能な解釈として補足した部分のうち「場所の」といった相対名詞の基準点を明示せずに推論で補っていることになる．

## 5.　おわりに

　本章は，意味論・語用論と言語類型論のインターフェイスについて，具体的な研究例を通じて概観した．言語類型論の研究は，形式的特徴に基づく言語間の普遍性と多様性の解明のみならず，意味を出発点とした言語化パターン，意味変化の経路，語用論的な解釈などの課題に関しても，通言語的な比

較対照に基づき，興味深い普遍性と多様性の両面を明らかにしてきた．本章で紹介してきた意味論や語用論と言語類型論のインターフェイスは未だ十分に開拓されていない研究領域であり，その中で注目される研究動向の 1 つが 2 節で言及された「移動の類型論」である．また，今回紙幅の関係で紹介できなかったが，マックスプランク研究所心理言語学研究所における共同研究プロジェクトが発端となった相互行為の通言語的比較研究（Levinson et al. (2018)）も注目される．

第 3 章

# 意味論・語用論と歴史言語学のインターフェイス*

米倉よう子 (奈良教育大学)

## 1. はじめに

　歴史言語学は言語の歴史的変遷を扱う言語学の分野である．いま現在の言語には，地層のように積み重なった過去の歴史的言語変化の名残りが反映されている．この点において，言語変化を論じる歴史言語学は「古臭い過去の遺物」を扱う分野ではなく，現代言語文法の分析とも関係してくる．そして歴史的変遷には意味・語用論的機能の変化も当然，含まれる．ここに，歴史言語学と意味論・語用論との接点（インターフェイス）が生まれる．言語がいかに現在のような文法体系を持つに至ったのかを人間の認知機能の観点から説明しようとする文法化（grammaticalization）研究（Hopper and Traugott (2003)）は，言語変化の分析を通して人間の心を理解しようとする「インターフェイス」的研究と言えよう（本書第 1 章および第 2 章 3 節も参照）．

　分析のための言語理論的枠組みだけではなく，研究のためのツールもここ数十年で大きく飛躍した．大規模言語コーパスの整備はその最たるもので，歴史言語学とコーパス言語学との接点が生まれることになった（Hilpert (2013) 参照）．さらには，言語変化を複雑系（complex system）科学の枠組

* 本研究は科学研究費補助金（基盤（C），研究課題番号 18K00649）の援助を受けている．

50

みでとらえようとする動きもあり，この分野の急速な学際化を示している．

　以上の状況を踏まえ，本章では，意味・語用論に関わる言語変化の具体例をとりあげながら，歴史言語学をとりまく多彩なインターフェイスについて考えてみよう．

## 2.　言語変化研究における通時的言語データの活用

### 2.1.　認識的挿入句の発達

　まず，言語変化研究において通時的言語データを見ることの重要性を確認しておこう．Thompson and Mulac (1991) は，(1b) のような補文標識 that を伴わない I think や，(1c) のような認識的挿入句 (epistemic paren-thetical) として振舞う I think は，補文標識 that を明示的に伴う (1a) から文法化を経て成立したと主張する．

> (1) a. I think that we're definitely moving towards being more tech-nological.
>
> b. I think 0 exercise is really beneficial, to anybody.
>
> c. It's just your point of view you know what you like to do in your spare time I think.　　(Thompson and Mulac (1991: 313))

Thompson and Mulac (1991) の「that 削除 (that-deletion)」起源説は，直観的に理解しやすく，いかにもありそうな言語変化シナリオではある．この説の根拠として，Thompson and Mulac (1991) は，現代英語の日常会話をコーパスとした調査結果をあげている．文法化の痕跡は現代語にも残っているし，また言語は絶えず変化の可能性を孕んでいるわけだから，文法化研究において共時的言語データを見ることは，決して間違いではない．しかし文法化は本来，通時的側面から観察されてきた現象なので (cf. Hopper and Traugott (2003: 2))，通時的言語データにあたるに越したことはない．そこで，通時的言語データも that 削除起源説を支持するものなのか調べてみると，残念ながら，これが非常に怪しいのである．

　Brinton (2017) は，KNOW 動詞 (believe, guess, know, suppose, think,

understand）が 1 人称主語と共起する挿入句構造（I believe, I guess など）
が英語においてどのように現れたのかを調べた．それによると，この挿入句
構造の起源は，補文標識 that が明示的に現れる「I + KNOW + that 節」とい
うものではなく，むしろ（2）の Chaucer からの例にみられるような，副詞
的従属節であった可能性が高いという．

(2) For thrittene is a convent, <u>as I gesse</u>.

        （1387–1500 Chaucer, *CT* D.Sum. 2259）

  &gt;For thrittene is a convent, $\phi$ I gesse.

 'For thirteen is a convent, as I guess'

         （Brinton (2017: 160) に基づく）

その上で Brinton（2017: 161）は，as / so (it) (me) seems / thinks という
フォームが as / so のないフォームより先に英語に現れたと主張する López-
Couso and Méndez-Naya（2014）を引用し，自説の証拠固めを行っている．
さらに興味深いことに，López-Couso and Méndez-Naya（2014: 207–208）
によると，動詞 think と seem については，明示的 that 補文標識無しの
フォームが普通になったのは，認識的挿入句用法の発生よりもかなり後のこ
とだったという．
　以上の認識的挿入句をめぐる先行研究における議論を考えると，言語が通
時的にどのように変化してきたのかを考察するには，共時的言語データだけ
ではなく，能う限り通時的言語データも見たほうがよいことが分かる．

## 2.2.　形容詞的述語を伴う結果構文

　2.1 節でみた Brinton（2017）や López-Couso and Méndez-Naya（2014）
による that 節削除をめぐる議論は，実際の通時的言語データをみることの
有益性を如実に示している．しかし一方で，歴史的言語データはしばしば数
量が限られ，また書き言葉に偏るきらいがあるため，万能とは言えない．本
節では通時的言語データの偏りへの注意を喚起する先行研究を見てみよう．
　Broccias（2008）は形容詞的結果述部を伴う英語結果構文（以下，「結果
構文（resultative construction）」として言及）の通時的発達について論じて

いる．結果構文とは，現代英語でいうと，以下のような例を表す．

(3) a. He cut the bread thin.

 b. He painted the door red.

 c. He talked himself hoarse.

 d. He ran his sneakers threadbare.

上記例で動詞の直後にきている名詞句のうち，(3a) の the bread と (3b) の the door は，それぞれ動詞 cut および paint の本来の目的語と考えられ，またそれぞれの結果述部が表す結果状態（thin および red）は，動詞の意味から比較的容易に想像がつく．しかし (3c) および (3d) については，同種の分析を適用することはできない．名詞句 himself と his sneakers は動詞 talk および run が本来，要求する目的語ではなく，「フェイク目的語」だからである．

　結果構文は英語にどのように現れたのだろうか．Broccias (2008) は，Mitchell (1985) や Visser (1963) といった，英語史研究を代表する書籍にあげられている具体例の精査に加えて，自らも，古英語（Old English, 以下 OE）コーパスとして York-Toronto-Helsinki Parsed Corpus of Old English Prose (YCOE) および York-Helsinki Parsed Corpus of Old English Poetry（しばしば York Poetry Corpus と略される），中英語（Middle English, 以下 ME）コーパスとして the Penn-Helsinki Parsed Corpus of Middle English (second dtition) (PPCME2) を使い，例の採取を行った上で，その発達経路の再構築を試みた．その結果，以下のような知見が得られたという．

(4) a. 形容詞的結果述部について，古い英語の例ではしばしば形容詞と副詞の品詞区別が困難である．

 b. OE では自動詞を使った結果構文例は極端に例が少ない．

 c. OE では，スキーマ的な意味を持つ動詞 don 'make' を使った結果構文が非常に多い．

 d. don 以外の動詞を使った OE 例としては，作成動詞（fremman,

macian などの MAKE 動詞）を含むものが目立つ.

  e. それ以外の動詞例は，WASH 動詞（awascan 'wash' や feormian 'cleanse'）が結果述部 clæne 'clean' を伴って現れているものか，CUT 動詞（gnidan 'break' や gescearfian 'cut off'）が結果述部 smale 'small' を伴っているものにほぼ集約される（p. 36）. すなわち，動詞の語彙的意味から結果述部が想像できる構造になっている.

  f. フェイク再帰代名詞目的語を持つ結果構文例が現れるのは，ME に入ってからである（p. 49）.

  g. ME では，この構文で使用されうる動詞の種類および結果述語ともに拡大している. 具体的には，CUT 動詞や WASH 動詞に加えて，strip, purge, fill, paint, chew, grind, beat, spread, bake, wall 'boil' といった，様々な動詞例が見られるようになる. また，結果述語としても，honest 等，OE には見られなかったタイプのものが見られる（p. 48）.

以上の分析結果からは，英語の結果構文に現れうるのは，最初は少数の意味タイプの動詞および結果述語に限定されていたのが，徐々に一般化が進み，拡大されていったことが示唆される. しかし一方で，Broccias（2008）は，(5) のような don 'make' を使ったスキーマ的結果構文がこの言語変化において果たした役割については測りかねている.

  (5)  gedo  ealle  þa  wyrta  swiðe  clæne
       do    all    the  herbs  very   clean
       "make all the herbs very clean"

　　　　　　　　　　　　　　　　(colaece, Lch II [3]: 41.1.19.3944: Broccias（2008: 38）)

動詞 don は複合他動詞（complex transitive verb）であったと思われるので，目的語の状態を述べる補語述部をとることは不思議ではない. ここから，「don＋目的語＋目的語述部」というスキーマ的構文構造が他の動詞を使った結果構文の導入をお膳立てしたのではないかという仮説が生まれる. しかし

54

この仮説に不都合な事実が他のヨーロッパ言語に存在する．ロマンス言語に
おいては，OE don 形容詞的結果構文と同じようなスキーマ的結果構文はあ
るが，英語ほど多彩な動詞タイプにまでは広がっていないのである（p.
41）．また，結論（4e）は，Broccias 自身が採取したコーパス例から導かれ
たものではなく，Visser（1969: §659）があげる OE 例に頼っている．[1]
Broccias（2008: 42–43）は，OE コーパスから自らが採取した結果構文（と
思しき）例に使用されている動詞を，コーパスにおける生起頻度とともにリ
ストとしてあげているが，don を筆頭に，fremman, macian, scieppan,
syrcan といったスキーマ的 MAKE 動詞がそのほとんどを占めており，それ
以外の動詞例としては，blawan 'blow', todælan 'divide', wendan 'turn'
が 1 例ずつ見つかったにすぎない（結論（4c）および（4d）を参照）．この結果
について，Broccias は使用コーパスの偏りが影響した可能性について言及
している．Broccias の OE 採取例は，使用されたコーパスの規模からも予
測されるように，大部分が YCOE から来ているが，[2] このコーパスに含まれ
るテキストがどの程度，当時の言語を代表しているかはわからない（p. 42）．
また，OE ではフェイク目的語を伴う結果構文は見られないが（結論（4e）参
照），他のゲルマン言語では，フェイク目的語付き結果構文は特に珍しくは
ない．

(6) a.  cry oneself hoarse［英語］
    b.  sich heiser schreien［ドイツ語］
    c.  garga sig hásan［アイスランド語］
    d.  skrike seg hås/hes［ノルウェー語］

(Broccias（2008: 52））

英語と同じゲルマン語族に属する言語でよくみられるフェイク目的語付き結
果構文が，英語では ME にならないと確認できなかったという調査結果に

---

[1] Broccias（2008）による YCOE を使った調査では，スキーマ的でなく，なおかつ作成
動詞（creation verb）でもない動詞は，blawan 'blow' と todælan 'divide' しか見つからな
かったという（pp. 41–42）．
[2] YCOE は 150 万語，York Poetry Corpus は 71,490 語規模のコーパスである．

ついても，Broccias（2008: 52）は自らが使用したコーパスが偏っていた可
能性を指摘している．このような使用コーパスの偏りの可能性は，Broccias
（2008）の分析結果を損ねるほどのものではないにしても，通時的言語デー
タを扱う研究者が常に意識しなければならない問題ではある．

## 3.　言語変化の方向性

### 3.1.　統計学的分析から浮かび上がる言語変化の方向性

　2 節では通時的言語データにあたることの重要性を確認するとともに，通
時的コーパスを扱う際の注意点も確認した．しかし，この数十年で大規模言
語コーパスの整備が急速に進み（本書第 7 章を参照），言語資料へのアクセス
と言う点では，飛躍的に研究環境の整備が進んでいるのも事実である．それ
に伴い，本格的な統計学の知見を取り入れた言語変化研究も現れた．コーパ
ス言語学と歴史言語学を融合させた先行研究として，本節では Hilpert
（2013）をとりあげよう．

　Hilpert（2013）では，英語の非定型譲歩挿入句構造（non-finite conces-
sive parenthetical structure，以下，「非定型譲歩挿入句」として言及）の変
遷が論じられている．非定型譲歩挿入句とは（7）のようなものを指す．[3]

　　(7) a.　Power, although important, is not everything.

---

[3] Hilpert（2013）では "concessive parenthetical" という用語で言及されている．ただし
Hilpert が concessive parenthetical としてあげる例の中には，(i) のように，定型節で現れ
ているものもある．
　　(i)　The resulting document, while it conceded a modicum of progress, expressed
　　　　the South's 'regret' that 'certain proposals for urgent actions had not been
　　　　agreed upon.'　　　　　　　　　　　　　　　　　　　　　　(Hilpert (2013: 172))
しかし Hilpert の例でも定型節をとっているのは (i) だけであり，Hilpert 自身もこの構造
(concessive parenthetical) は定型性 (finiteness) が欠けているのが特徴だと認めている（p.
172）．しかも (i) は英語話者には奇妙に聞こえる場合があるようで，下線部は while
conceding ... とするほうがよいと指摘する者もいるという（p. 173）．また Hilpert は，
concessive parentheticals は "abbreviated concessive clauses（下線は筆者）" とも呼ばれて
きたと述べていることから（p. 155），本章では「非定型譲歩挿入句構造」として扱う．

    b.   Although a Democrat, Salazar has support from many Repub-
       lican.

    c.   The defendant was youthful, <u>although not under the age of 18</u>.

(Hilpert (2013: 156))

(7) の各例に含まれる although 句は，時制等を担う動詞句を欠く非定型節
となっている．また，文中での位置あるいは述部的要素の品詞は様々に異
なっていることが分かる（(7a) では形容詞句，(7b) では名詞句，(7c) で
は前置詞句が現れている）．さらには，譲歩挿入句を構成するのは although
だけではない．(8) のように，if や while に導かれるものもある．条件
(conditionality) や同時性（simultaneity）を表す節から譲歩節が発達するの
は，通言語的にも珍しくはない (Kuteva et al. (2019))．

  (8)  a.   The taste is nice, <u>i</u>f a little too salty.
       b.   <u>While</u> a Democrat, he voted for Bush.

(Hilpert (2013: 168))

Hilpert (2013) は，if と while に加えて though も念頭に置きながら，非定
型譲歩挿入句内に現れる品詞と文中での統語環境を変数として，以下のよう
な対立的な 2 つの仮説の統計学的検討を試みた．

  (9)  a.   時代が進むにつれ，while, if, although, though の各非定型譲
         歩挿入句の差異は縮小し，共通のマクロ構文スキーマが形成さ
         れる．
       b.   時代を経ても，while, if, although, though の各非定型譲歩挿
         入句は共通の特徴を持つには至らず，家族的類似性（family re-
         semblance）により緩く結びついているにすぎない．

Hilpert (2013) は，通時的アメリカ英語コーパス COHA (the Corpus of
Historical American English) の 1860 年代から 2000 年代のデータを 10 年
ごとにまとめ，MDS（多次元尺度構成法（multidimensional scaling））を
使って各譲歩文の類似度を測定している．その分析によると，非定型 while

譲歩挿入句は他の 3 つの非定型譲歩挿入句とは初めから使用環境が似ていない．しかし非非定型 though 譲歩挿入句と非定型 although 譲歩挿入句については，時代が進むにつれ，似通った特徴を示すようになるという．両者の非埋め込み形容詞（例（10）を参照）および過去分詞の譲歩挿入句の使用頻度が接近するためである．

(10)　a.　Power, although important, is not everything.

　　　b.　Though small, the collection is considered the best of its kind.

(Hilpert（2013: 193））

一方，非定型 if 譲歩挿入句は，1860 年代時点では非定型 though 譲歩挿入句に近いが，その後，乖離が進む．非定型 if 譲歩挿入句の埋め込み構造での使用（例えば an earnest, if unsophisticated, film のような例）が増えるためである (Hilpert (2013: 198))．

　以上の分析結果を以って，Hilpert (2013) は，though と although の非定型譲歩挿入句については，共通の仮説スキーマが形成されるという「仮説 (9a)」が支持されるが，if と while の非定型譲歩挿入句については，それぞれが独自の構文として歩む路線が示唆されており，「仮説 (9b)」が支持されるとの結論を出している (p. 198)．

　本節で概観した Hilpert (2013) の研究は，通時的言語変化を分析する際に，大規模コーパスや統計学の知見が如何に役立つかを示している．[4] しかし一方で，Hilpert (2013: 6-7) 自身が認めているように，統計学を駆使する歴史言語学研究が，文献を丹念に読み込んで例を採取するという従来の研究手法よりも常に優れているわけではない．そもそも統計学的手段を用いるには，まずは研究者自身の方針で，コーパスから例を採取せねばならない．加えて，たとえ Hilpert (2013) と全く同じコーパス採取例を使って MDS で分析したとしても，その統計分析結果をどう解釈するかによっては，Hilpert の結論とは異なる結論にたどり着くこともあるだろう．大規模言語コー

---

　[4] ただし Hilpert (2013) は「構文的変化」，「文法化」，「言語変化」の三者を区別する立場をとっている．

パスや統計学的分析を用いるか否かに関わらず，分析者の持つ言語的直観が，言語分析において持つ重要性には変わりがないのである（本書第7章3.1節の議論も参照のこと）．

　また，中村（2019: 97）が指摘するように，Hilpert（2013）の大規模コーパスを使った研究では，言語形式（フォーム）面では精緻な分析が行われているものの，意味・語用論的観点から人間の認知能力へ踏み込んだ考察は行われていない印象を受ける．そこで少し趣向を変え，次節では，同じHilpert（2013）が行った譲歩表現の分析でも，意味面から踏み込んだものも見てみよう．

## 3.2.　譲歩節の意味機能と統語構造および主観化

　Hilpert（2013）による譲歩表現の研究では，共時的アメリカ英語コーパスであるTIMEコーパス（the TIME corpus）を使ったthoughとalthough譲歩表現の分析も行われている．共時的言語コーパスを使いながらも，言語変化の方向性に関する議論が展開されているので，本章で取り上げるに値しよう．

　「譲歩（concessivity）」という概念は，推論により導き出されうる事柄の否定である（Stede（2004: 274）；Hilpert（2004: 161）に引用）．しかし実は，「譲歩」概念は意味的に一枚岩ではない．カギとなるのは，Sweetser（1990）による意味領域分類である．Hilpert（2013）はSweetser（1990）を援用して，「譲歩」の意味を3つのタイプ，すなわち「内容的譲歩（content concessivity）」，「認識的譲歩（epistemic concessivity）」，「発話行為譲歩（speech act concessivity）」に分けている．定型節構造のalthoughを使った具体例を見てみよう．

(11) a.　Although John was sick, he came to the office. [content]
　　　　ジョンは病気だったけれども，会社に来た．

　　 b.　John wasn't there, although his lights were on. [epistemic]
　　　　ジョンの部屋の電気はついていたが，彼はそこにはいなかった．

　　 c.　Although surgery is best, it is not always possible. [speech act]

手術がベストなんだけど，いつも可能とは限らない．

（Hilpert (2013: 165)，日本語訳は筆者）

（11a）の although は，2 つの現実世界における出来事（すなわち「ジョンが病気であること」と「ジョンが会社に来ること」）間の関係を表している．一方，（11b）の although は，「ジョンの部屋の電気がついている事態」から導き出される推測判断「ジョンがそこにいる」を否定する機能を持つ．話者の認知対象に関する判断に関わるので，これは認識的（epistemic）譲歩の例である．最後に（11c）の although は，「手術がベストな選択である」ことを話し手が認めるという「発話行為（speech act）機能」を果たしていると考えられるので，これは発話行為譲歩の例である．

Hilpert（2013）によると，（11）に例示される 3 つの譲歩タイプのうち，内容的譲歩は主節への概念的依存度が最も高く，逆に発話行為譲歩は最も概念的独立性が高い（p. 175）．さらに，主節からの概念的統合度（依存度）は，従属節が完全定型節（full clause）を好む度合いに反比例するという．そうであれば，（12）の Hilpert（2013）からの引用が示すように，内容的譲歩が最もシンプルな構造（非定型挿入句構造）を好むという予測が立てられる．

(12)　"All of these predictions can be drawn together to hypothesize that concessive parentheticals, especially those of simpler structural types, will primarily encode content or epistemic concessivity. By contrast, speech act concessives are hypothesized to be rarely realized in parentheticals (…)"　　(Hilpert (2013: 175–176))

しかし TIME コーパスを使った調査では，この予測は外れることになる．though, although ともに内容的譲歩は完全定型節構造（full clause）を好み，逆に発話行為譲歩は挿入句構造（parenthetical）を好んでいるからである（Hilpert (2013: 189))．[5] この調査結果について，Hilpert（2013）は，Sweetser (1990) の 3 つの意味領域を，Traugott (1989) が提案する「主観化 (sub-

---

[5] 特に though においてこの傾向が顕著である（Hilpert (2013: 189))．

jectification）」に結び付けることで説明しようとしている．「主観化」とは，以下のような意味変化傾向を指す．

(13) a. meanings based in the external situation

>based in the internal situation

例えば意味の悪化（pejoration）や向上（amelioration）

b. meanings based in the external or internal situation

> based in the textual situation

例えば動詞 observe（'perceive (that)'＞'state that'）の意味変化

c. meanings increasingly situated in the speaker's subjective be-lief-state or attitude

例えば時間関係を表す while から譲歩を表す while への変化

(Traugott (1989: 34-35) に基づく)

(13) の 3 つの意味変化傾向は，Traugott and Dasher (2002) の提案といっしょに non-/less subjective＞subjective＞intersubjective という意味変化傾向としてまとめられる．Traugott によるこの意味変化傾向は，Sweetser (1990) の用語では，「内容的＞認識的＞発話行為的（content＞epistemic＞speech act）」と捉えることができよう（cf. Hilpert (2013: 165), Higashiizumi (2006: 103)）．以上の議論を踏まえて Hilpert (2013: 188) は，主観化度の高い発話行為譲歩が「挿入句」という短い構造を好むのは，非定型節というシンプルな構造の方が主観化された意味の表示に適しているためと説く．

(14) "(…) the shortness of parenthetical insertions makes them a suit-able vehicle for the expression of more subjectified meanings

(Hilpert (2013: 188))

さて，ここで次の疑問が湧いてくる．Hilpert (2013) の「発話行為的意味を表す節では（シンプルな）短い構造が好まれやすい」という主張が正しければ，本節で見た though と although のように，同じ接続詞を用いながらも，時制や主語等の要素を欠く非定型節フォームと，full clause の形をとる定型節フォームがある場合，非定型節フォームでは定型節フォームに比べ

て，Sweetser (1990) のいうところの「発話行為機能」が見られる割合がおしなべて高いのだろうか．この点について，次節では英語 because の発達を例にとりあげ，考えてみよう．

## 3.3.　because の発達

　英語 because はもともと，前置詞 by に名詞 cause が付いたもので，発達の初期段階では，後ろに具体的な理由や目的を述べる表現を従える構造で現れていた（OED s.v. *because* adv. and conj.）．OED の初例 (15) は後期中英語からである．このように，because の後ろに主語および時制等のマーキングを受けた定型動詞を持つ節（full clause）がくる構造を「because 節」と呼ぶことにしよう．

(15)　Þou hast herd al my deuyse, **Bi cause** whi, hit is clerkes wise.
　　　(c 1305 *Deo Gratias* 37 in E.E.P. (1862) 125: OED (s.v. *because* adv. and conj. A1)

　　　"You have heard my story.　Because it is the clerk's way."

　　　　　　　　　　　　　　　　　　　　　　　　　　　　　　　　　[because 節]

because 節用法とは別に，現代英語 because は，because の後ろに前置詞 of と名詞類を従える構造をとることもある．これを「because-of 節」と呼ぶことにしよう．OED の初例 (16) は 1356 年となっている (s.v. *because* adv. and conj. A2)．

(16)　Þe synnes bi cause of whiche suche persecucioun schal be in Goddis Chirche.
　　　(WYCLIF *Last Age Ch.* (1356): OED (s.v. *because* adv. and conj. A2))

　　　"The sins because of which such persecutions shall be in God's Church" [because-of 節]

以上の用法に加えて，アメリカ方言学会（the American Dialect Society）は，2013 年の "Word of the Year" として，because の新用法に言及してい

62

る.[6] この新しい用法とは，以下のようなものである.

(17)　What's the problem to know if you eat GMOs or not?  Should we also remove all information on our food <u>because SCIENCE</u>!!!!!?

(COCA Blog 2012)［because-X 節］

(17) では，前置詞 of が現れることなしに，because の直後に名詞 SCI-ENCE が置かれている点に注意されたい.

　アメリカ方言学会はこの because の新用法を "informal online use" としており，Kanetani (2015: 76) も指摘するように，標準英語として確立しているとはいいがたい（後述）. にもかかわらず，この because の新用法を本章でとりあげるのには理由がある. 言語変化研究は，ややもすれば書き言葉を集めた通時的言語コーパスに頼ることになり，対象言語を母語とする存命中の話者の言語直観に頼ることは難しい. その中で，because の新用法は，古くから存在する語の新しい用法の芽生えを，母語話者の言語感覚も交えながら考察できる言語事象として，認知言語学的にも歴史言語学的にも興味深い題材だからである.

　新用法の because は，直後に名詞だけでなく，様々な品詞を置くことができるようだ. そこでこの新しい because 構文を「because-X 節」と呼ぶことにしよう. Tyler Schnoebelen 氏の 2014 年 1 月のブログによると，23,583 本の Twitter の tweet を調査した結果，新用法 because-X 節の X 位置にくる品詞の分布は以下の通りであったという.[7]

---

[6] アメリカ方言学会サイト (https://www.americandialect.org/because-is-the-2013-word-of-the-year) を参照（2020 年 8 月閲覧）.

[7] Schnoebelen 氏がとった詳しい調査手法は https://corplinguistics.wordpress.com/2014/01/15/innovating-because-innovation/ を参照（2020 年 9 月閲覧）.

表：because-X 節における X の品詞分布

| Part of Speech（具体例） | Word Counts（生起頻度 50 以上のもの） |
|---|---|
| Noun (*people*, *spoilers*) | 32.02% |
| Compressed clause (*ilysm*)[8] | 21.78% |
| Adjective (*ugly*, *tired*) | 16.04% |
| Interjection (*sweg*, *omg*) | 14.71% |
| Agreement (*yeah*, *no*) | 12.97% |
| Pronoun (*you*, *me*) | 2.45% |

様々な品詞が現れうるという点で，because-X 節の構造は 3.1 節で見た非定型譲歩挿入句構造に似ていることが分かる.

Because 節（*because* + full clause）についても，3.1 節の Hilpert (2013) による譲歩表現の分析で取り上げた Sweetser (1990) の 3 つの意味領域タイプ（すなわち content, epistemic, speech act）の存在が指摘されてきた.

(18) a. John came back because he loved her. [content]
　　　 ジョンは彼女を愛していたから戻ってきた.

　 b. John loved her, because he came back. [epistemic]
　　　 ジョンは戻ってきたから，彼女を愛しているのだろう.

　 c. What are you doing tonight, because there's a good movie on.
　　　 [speech act]
　　　 今晩のあなたの予定は？　というのは，いい映画が放映されるんだよ.　　　　　　　　　　(Sweetser (1990: 77)，日本語訳は筆者)

この 3 つの意味領域は，because の各構造（because 節，because-of 節，because-X 節）において，どのような通時的発達経路をたどっているのだろうか.

Higashiizumi (2006) は，because 節（because + full clause）の通時的意味発達を Helsinki Corpus of English Texts を用いて調査している.　それに

---

[8] ilysm は "I love you so much" の圧縮表現だが，Schnoebelen 氏の調査では間投詞的なものとして扱われている.

よると，because 節は意味的には "content" から "epistemic / speech act" へ，つまり，主観化がより進む方向へ向かったという (p. 103)．

次に，because-of 節の意味発達を見てみよう．(19) のペアが示すように，because-of 節では，未だに内容的 (content) タイプの理由しか表せないようだ．

(19) a.　He's not coming to class because of his sickness.

(廣瀬 (1992: 85))

　　 b. *He's not coming to class, because of his having just called from San Diego.　　(Rutherford (1970: 105))

最後に新用法 because-X 節の意味拡張を見てみよう．Kanetani (2015) は，(20) の各 because-X 節例の文法性を 24 名の英語母国語話者に判断させている．(20a) および (20b) の because-X 節は内容的 (content)，(20c) および (20d) は認識的 (epistemic)，(20e) は発話行為 (speech act) 的理由を表すことを意図した Kanetani による作例である．

(20) a.　He came back because love.　(1.71 / 3.00)
　　 b.　I'm going to bed early because tired.　(1.86 / 3.00)
　　 c.　He loved her, because back.　(0.71 / 3.00)
　　 d.　[Looking at a wet ground] It's rained, because ground.

(0.00 / 3.00)

　　 e.　What do you wanna do on our first evening, because Paris?

(0.57 / 3.00)

(Kanetani (2015: 66))

この調査に参加した被験者 24 名のうち，上記の because-X 例を英語としてともかくも容認した者は，わずか 7 名（約 30%）であったという (p. 76)．この容認派の人数の僅少さは，この新用法が標準的な英語表現として確立しているわけではないことを表している．

次に Kanetani (2015) は，「容認可能」とした 7 名の母国語話者に (20) の各例の文法的容認度を 0-3 の数字で評価させている．数字が大きいほど，

文法的容認度が高いことを表す．7 名の出した評価数字の平均値は各例の後ろにあるカッコ内左側に書かれている．カッコ内右側の数字「3」は，理論上の満点（7 名全員が最大限に文法的と判断した場合の数字）である．カッコ内の数字が表すように，内容的理由を表す because-X 節例（すなわち（20a）および（20b））は比較的容認度が高い．一方，認識的理由と発話行為的理由の because-X 節例は，容認度が 1 にも満たないことがわかる．

　以上の考察を総合すると，少なくとも現段階では，because-X 節も be-cause-of 節も「内容的（content）理由」しか表せないようであり，「シンプルな構造の方が主観的意味表示に適している（Hilpert（2013: 188））」とは一概に言えないことがわかる．Because 節でも because of 節でも because-X 節でも，その統語的シンプルさの度合いに差はあれど，まずは内容的理由から意味発達が始まっているからである．

## 4.　通時的構文文法

　本章 3.2 節および 3.3 節では，異なる定型性（finiteness）を持つ節と，その節構造が担う意味機能との間に相関関係が見いだせるのか否か，また，その相関関係の有無は言語変化の観点から確認できるのかという問題を考えた．これは，言語変化に何らかの「傾向」，より強い言い方をすれば「一方向性」を見出そうとする試みである．一方向的に進む変化経路の存在は，言語変化が気まぐれに起こるのではなく，人間の認知機能の原理に基づくことを示す証として，特に文法化（grammaticalization）研究では盛んに指摘されてきた（例えば Kuteva et al.（2019）参照）．

　しかし言語変化のどこを見て「一方向性（unidirectionality）」があると考えるのかは，じつは難しい問題である．例えば Hopper and Traugott（2003）は，parataxis＞hypotaxis＞subordination（p. 178）という言語化経路を提案している．しかし Fischer（2007: 217）は，この変化経路を証明する歴史的言語現象が少ないと反論する．実際，parataxis＞hypotaxis＞subordination経路の反例は数多く報告されている（金杉等（2013: 第 4 章）等を参照）．

　また，談話標識（discourse markers）の発達はスコープの拡大を伴うのが

普通であり，Traugott and Dasher（2002: 40）でも，「意味変化の相互連関方向性経路（correlated paths of directionality in semantic change）」として，"scope-within-proposition＞scope-over-proposition＞scope-over-discourse"という具合にあげられている．しかし一方で Lehmann（2002）は，文法化が進んでいるものほど，構造的スコープが狭くなると主張する．例えば英語 have は動詞としては節レベルの意味機能を有するが，完了の助動詞となると動詞句（VP）レベルで機能する（p. 128）．このように，スコープの拡大・縮小について真っ向から見方がぶつかり合ってしまう．

　この手の矛盾は，言語変化研究の中でも，特に文法化研究に取り組む者の頭を悩ませてきた．Bybee（2015: 139）は，文法化経路は，その起源となる概念や漂白（bleaching）・推論（inference）といった変化メカニズムは通言語的に似ているかもしれないが，それぞれの言語における具体的な発達の仕方には必ずしも普遍性はなく，言語固有の要因も見られると指摘している．また中には，Janda and Joseph（2003: 58）のように，文法化研究でよく指摘される「一貫した，段階的な変化」という考え方に，あからさまに冷淡な態度をとる研究者もいる．そして，この問題は，「何が文法なのか」という，文法化の定義にも関わることになる（Degand and Evers-Vermeul（2015），米倉（2017）等を参照）．

　これに対して，「文法化」と「言語変化」との厳密な区別を行わない立場をとる Gildea and Barðdal（2020）は，「一方向性」の問題は，一般の言語変化において，必ずしも中心的役割を果たす理論的想定ではないと主張する．彼らによると，一方向性が見られるとしても，それは構文的な変化あるいは通時的言語変化に関わる一般的理論から帰結する 2 次的産物（a secondary phenomenon）にすぎないという（p. 22）．

　Gildea and Barðdal（2020）は，「文法化」の事例とされてきたものはすべて「通時的構文文法（Diachronic Construction Grammar，以下 DCxG）」の枠組み内で，言語変化として扱うことができると主張する．[9] その主張の根拠の 1 つとして，文法化のメカニズムとされてきたもの（例えば再分析

---

[9] 構文と文法化の関係については本書第 1 章 1 節の議論も参照のこと．

（reanalysis）やメタファー等の認知能力）は，べつに文法化の専売特許的メ
カニズムではないことがあげられている（p. 12, pp. 20-21）．また，言語の
基本的構成要素（building block）は「意味と形式（フォーム）のペア」，す
なわち「構文（construction）」であるという，構文文法の基本的想定（Gold-
berg (1995)）を礎に，「語彙項目（lexicon）」に対応する構文文法的概念「構
文目録（ConstructiCon）」を提案する（p. 11）．彼らの考えでは，言語変化研
究は，この構文目録の変遷の研究に他ならない．同じような主張は文法化を
論じた研究でも以前から行われていた．例えば Wiemer and Bisang (2004)
は以下のように述べている．

(21)　"If grammar is understood as a system of more or less stable,
　　　regular and productive form-function mappings, the field of
　　　grammaticalization [ … ] is to be extended to all the processes
　　　involved in the diachronic change and in the emergence of such
　　　systems."
　　　　　　　　　　　　　　　　　　　(Wiemer and Bisang (2004: 4))

そもそも言語変化分析は，ある言語構造（形式）がどのような意味機能で
実際に使用されてきたのかという，「意味と形式のペア」の変遷に注意を払
うものなので，構文文法と相性がよいことは容易に想像がつく．また，構文
文法で重視される「使用基盤モデル (Usage-based Model) (Langacker (1987))」
的アプローチは，文法化研究でもその有益性が指摘されて来た（Hopper and
Traugott (2003: 132)，本書第 1 章 3 節も参照）．以上の議論を踏まえて，Gildea
and Barðdal (2020) は，「文法化は構文的変化の下位タイプ」であると主張
する．

(22)　"If all grammaticalization phenomena can be modeled within
　　　DCxG, then there is much less significance in debates over what
　　　does, and does not, count as an instance of 'grammaticalization'
　　　…"
　　　　　　　　　　　　　　　　　　　(Gildea and Barðdal (2020: 22))

この立場をとると，「文法化」の定義や「変化の一方向性」といった，文法化
研究の呪縛から解放されて，大局的に言語変化を眺めることができるという

わけである.

## 5. 複雑系としての言語体系の形成

前節でみた Gildea and Barðdal (2020: 9-10) の提案に従い,言語体系を構文目録 (ConstructiCon) ととらえ,言語変化を構文目録の変化とみなすと,複数の構文が競合しあい,補完しあい,連携しあいながら言語体系を形成し,またそれらの構文が言語体系自体からも影響を受けて変化することで,構文目録としての言語体系がさらに変化していくという,複雑系 (complex system) のイメージが浮かびあがる.[10] 実際,様々な言語現象を観察していると,そこには混沌としながらも何らかの方向性や秩序が支配しているような,ゆるぎはあるが安定性も備わっているような,何とも不思議な光景が広がっている.ある言語が人間社会で存続していくためには(つまり「生きた言語」であり続けるためには)おそらく,複雑系科学でいうところの「カオスの淵 (the edge of chaos)」状態を維持することが重要なのだろう.意思疎通の手段としては,あまりに硬直化した言語体系では困るが,あまりに頻繁に大規模な変化を起こす言語体系であっても困る.言語変化は,静的すぎず動的すぎずという,カオスの淵的状態に言語を保とうとする現象なのかもしれない.

このような言語観をとれば,言語変化における「バタフライ効果 (butter-

---

[10] 以下にあげる加藤(2014)からの引用にも明らかなように,言語を複雑系とみることは,言語変化分析だけでなく,規範文法 (prescriptive grammar) か記述文法 (descriptive grammar) かという二項対立をどうとらえるかにも関わってくる.また,複雑系としての言語体系の形成は,全く相互矛盾性のない規則体系の形成につながるとは必ずしも言えないこともわかる.

    (i)    言語が複雑な体系をなすということは,言語の内部で原理や原則がぶつかりあい,ときに競合したり拮抗したりして不安定な様相を呈するということでもある.これは,見方を変えるなら,ことばとは,いわば雑多な決まりがなんとなく均衡をとっているに過ぎず,部分的に不整合や制御しきれないところが見られるものなので,その危うさが暴走しないように,ことばの秩序を保つ重しとしての規範が求められていると言ってもいい.(加藤 (2014: 84))

複雑系科学を言語変化分析に取り入れた研究例としては,Kretzschmar (2015) も参照のこと.また,複雑系については井庭・福原 (1998), Kauffman (2019) を参照.

fly effect)」，つまり，ほんの些細な言語変化にみえるものが，思わぬ形で別の言語変化の引き金となることがあっても，そう不思議ではない．本節では，バタフライ効果的な言語変化の具体例として，英語進行形（progressive）の発達をとりあげよう．ただし紙幅の都合上，現在進行形の用法に議論を限定する．

　英語 be + V-ing 形（古英語（OE）では beon / wesan + V-ende）は，もともと非進行形の単なる変異体であった（Núñez-Pertejo（2004）等参照）．例えば OE 例（23）の進行形部分を逐語訳的に現代英語（Present-day English, 以下 PE）に置き換えると，PE では「河が（増水などで）一時的に北方面から流れている」という解釈が生じるが，OE ではそのような含みはなく，単純現在時制が使われた場合と同じように解釈された．

(23)　of　　　Danai þære ie,　<u>seo　　is irnende</u> of　　norþdæle
　　　 "From Daniel that　river which is running from northern-part."
　　　　　　　　　　　　　　　　　　　　(*Orosius* 8.14; Núñez-Pertejo（2004: 10））

進行形 be + V-ing は，中英語（ME）でもまだアスペクト的に中立であり（Killie（2014: 371）），使用頻度もまれであった．しかし 1700 年までには「文法化されたアスペクト標識（grammaticalised aspectual indicator）」となった（Rissanen（1999: 216））．進行形は，単純時制形と比べて，PE でも使用頻度はさほど高くない（Quirk et al.（1985: 198））．それでも，De Wit et al.（2013）によれば，PE の英語現在進行形は，フランス語のそれと比べると，使用頻度がはるかに高く，用法も多岐にわたるという．したがって，英語現在進行形はフランス語現在進行形よりも「文法化が進んでいる（p. 846）」と考えられるが，それは単なる偶然なのだろうか，それとも何か理由があるのだろうか．

　この疑問に対して，De Wit et al.（2013）は以下の仮説を持ち出している．英語現在進行形にはあるのに，フランス語現在進行形では滅多に見られない意味機能（例えば，継続用法（durative use）[11] や反復用法（iterative use）な

---

[11] De Wit et al.（2013）が「英語の継続用法進行形」例としているものを以下にあげて

ど）自体は，フランス語話者にとってもコミュニケーション上のニーズはあるはずである．それなのに英仏語間の現在進行形用法に不均等が見られるのは，両言語の現在時制系列（the present-tense paradigm）が通時的にどのように形成されてきたのかが異なるためであるという．

OE では，非有界動詞（imperfective verb）に接頭辞（ge-, be-, for-, to- など）が付いた場合，有界動詞（perfective verb）の意味を持つことがよくあった．例えば brecan 'break' に対して to-brecan 'break up' といった具合である．しかし，そのような接頭辞は初期 ME にかけて徐々に廃れた（Terasawa (1997: 319) 等を参照）．接頭辞マーキングの有無で perfective / imperfective を区別できなくなった英語は，その埋め合わせとして，進行形（be + V-ing フォーム）にアスペクト機能を担わせるようになった（De Wit et al. (2013: 861)）．その証拠として，De Wit et al. (2013) は，英語と同じゲルマン語派でありながら，接頭辞で perfectivity を表すシステムを引き継いだ現代ドイツ語，オランダ語の進行形では，英語進行形ほど文法化が進んでいないことをあげている．[12]

英語における接頭辞の衰退は，進行形の発達に関係したばかりでなく，受動態や他動詞構文の発達にも関わっており（Terasawa (1997)，中尾・児馬 (1990) 参照），一見些末な形態音韻的言語変化が，様々な意味機能的言語変化を引き起こしたことを示している．これは「バタフライ効果」を彷彿とさ

---

おく．

(i)  RICKIE:  And then the whole time under here, he'd just look.  I mean, he looked so hard that it was, like, burning. […]
     REBECCA:  So then, and then, he sort of pulled the paper aside, and he's still staring at you?

(SBC008; De Wit et al. (2013: 852))

[12] 言語に何らかの文法機能空白領域がある場合，特定の形式（フォーム）にその機能空白の埋め合わせをさせることは，通言語的に見ても珍しいものではない．スラブ言語やゲルマン言語では，有界動詞（perfective verb）は，現在時制で使われると，未来時の出来事を表すのが普通であった．これらの言語では，有界動詞が未来時の出来事よりもむしろ現在時の出来事を指す手段として，完了形（perfect）が発達した（Leiss (1992: 236)：Rebotier (2019: 255) に引用）．一方，非有界動詞は現在時制で使われると，現在の出来事しか指せなかった．そこでこれらの動詞で未来時の出来事を指す手段として，迂言的未来表現が発達した（Leiss (1992: 236)：Rebotier (2019: 241, 255) に引用）．

せる.

　以上の英語進行形の機能変遷は，be＋V-ing という形式（フォーム）だけに注目していても，あるいはそのフォームを be と V と -ing に分解してみても把握しきれない点に注意したい．このフォームが現代英語で見られるようなアスペクト機能を獲得していくには，perfective / imperfective 対立を接頭辞で表す手段を失った「英語」という，より大きな文脈が必要だったのである．アスペクト機能を担う進行形構文は英語の文法体系の一部を成している．つまり，全体のために存在している．しかし進行形構文もまた，全体に頼ってアスペクト機能を発達させ，存在しているのだ.

　フランス語では英語と異なり，perfective / imperfective 区別を進行形に担わせなければならない言語的文脈は生じなかった．そのため，英語進行形に比べると，フランス語進行形はその担う機能が制限された状態にとどまっている．このように，進行形単独ではなく，それに何らかの形で対立あるいは協調する他の要因の変化によって，獲得される意味機能が異なってくる様は，まるで生物が自らをとりまく適応度地形（fitness landscape）の変化に応じて，適応度を高くしようと変化するのを見るようだ．それは部分と部分，あるいは部分と全体が相互に影響しあう中で創発し，複雑さを増しながらも，数式で表せるような物理法則に従っているわけではない．どのような変化を経てどのような言語体系が形成されるのか，事前予測不可能でありながら，その過程はまったくの出鱈目ではない．このように，言語変化の研究は多くの刺激と可能性に溢れており，まだまだ多くの研究の蓄積と試行錯誤を必要としているのである.

## 6.　おわりに

　本章では意味・語用論に関わる言語変化の事例をとりあげ，歴史言語学と他領域との「インターフェイス」を考えた．Kretzschmar (2015) のように，複雑系科学と歴史言語学の融合を示唆する研究が生まれていることからも分かるように，これからの言語変化研究は，通時的言語データを丹念に見る記述的研究に加えて，様々な異分野を巻き込んだ学際的アプローチで進められ

ていくことになるのかもしれない．実際，マクロ規模の言語変化である「言語進化」を扱う分野では，その潮流が生まれている（例えば池内 (2010) 参照）．

　また，本章で取り上げたインターフェイス以外でも，言語の歴史的変化を考察することは大いに意義がある．例えば言語教育をとりあげてみよう．言語は常に変化の可能性を含んでいるので，今日「規範文法」とされているものの中にも，明日は「誤用」と見なされる運命であるものが存在しているはずである．だいたい，言語変化は「文法的には誤用」という表現がきっかけになることが往々にしてある．このように考えると，言語の歴史を学ぶことは，学校教育の現場で文法規則をどのように教えるのかという問題にも関わってこよう（本章注 10 も参照）．言語変化の要因を考え，分析することは，言語を表面的にではなく，多角的に捉える力の育成にもつながるはずである．

第4章

# 意味論・語用論と「視点」のインターフェイス

町田　章 (広島大学)

## 1.　はじめに

　ことばと視点は切っても切れない関係にある．それは，Slobin (2000) や Tomasello (1999, 2003) などが言語は本質的に視点依存的 (perspectival) であると述べているように，どんな些細な表現であってもことばとして発せられた時点で話し手の何らかの視点を反映してしまうからである．[1]

　本章では，言語表現に関わる視点の問題について日本語と英語を中心に認知言語学的立場から考察する．ただし，ここでは「視点」という概念をより広くとらえ，次節で紹介する「捉え方」という概念と同義で用いることとする．

## 2.　捉え方

### 2.1.　表現の差異と捉え方の差異

　ことばの意味は外界にある何かを直接心内に写し取ったものとしての概念 (concept) ではないことは明らかである．例えば，(1) の表現の意味につい

---

[1] 「視点」という語は，知覚する側 (＝視座)，知覚される側 (＝注意の対象)，そしてこの両者の関係性のいずれをも指示する語として文脈に応じて用いられる．

て考えてみよう．仮に（1）の2つの表現が全く同じ外界の事物に対応して
いたとしても，そのことを根拠に両者が同じ意味であると主張する者はおそ
らくいないだろう．

   （1）a.　上り坂
       b.　下り坂

それでは，（1）の2つの表現の意味の違いはどこにあるのだろうか．それ
は，話し手がどのようにその坂道を見ているかという点にある．実際，（1a）
では話し手が坂道を下から上へ移動するものとして捉えていることを表して
いるのに対し，（1b）では上から下へ移動するものとして坂道を捉えている．
そして，認知言語学において中心的な存在である Langacker は，様々な言
語表現の意味を検討したうえで，ことばの意味は，ある表現が指している概
念内容（conceptual content）だけでなく，その概念内容に対して話し手が
行った捉え方（construal）を含むものとしての概念化（conceptualization）
であると規定している（cf. Langacker (2008: 43)）.[2] つまり，ことばの意味に
は，ただ単にその表現が指示する事物の概念だけでなく，話し手がその事物
をどのように捉えているかという捉え方が必ず含まれているというのであ
る．Slobin (2000) や Tomasello (1999, 2003) が言語は本質的に視点的だ
と主張するのは，表現の意味が単なる概念（concept）にあるのではなく，
そこには必ず話し手の捉え方が関わってくるからである．[3]

　この捉え方という現象は，いわゆる文法の問題にも深く関わっている．例
えば，下の（2）を見てほしい．（2）は態の交替（voice alternation）と呼ば
れる現象だが，従来の言語学では，態の交替は純粋な形式上の統語的操作と
してみなされてきた．能動文とそれに対応する受動文が同じ状況を表してい
るのであれば，両者の差異は純粋に形式上の違いということになるからであ
る．

---

  [2] この construal という用語は，「捉え方」以外にも「把握」「解釈」などと文脈に応じて
訳されることがある．
  [3] より厳密には，ある表現が表現されない場合にも，その「表現しない」という行為を通
して話し手の捉え方が表れされていると考えられる．

(2) a.　不二子がルパンを騙した.

　　b.　ルパンは不二子に騙された.

　しかしながら，もちろん，そのような前提は間違っている．なぜなら，(2) が同じ状況つまり同じ概念内容を表しているという事実をもとに両者の意味が同じだとする見方は誤りだからである．仮に (2) の2つの文が完全に同じ概念内容を表していたとしても，両者は異なった捉え方を表しているため，両者の意味が全く同じであるとは言えないのである．実際，能動文の (2a) では動作主（agent）「不二子」に注意が向けられているが，受動文の (2b) では被動作主（patient）「ルパン」に注意が向けられている．それゆえ，どこに注意を向けているかという話し手の視点つまり話し手の捉え方までその表現の意味の一部だと考えるならば，両者の意味は明らかに異なっているということになる.[4]

　このように考えると，概して，表現の差異はそのまま捉え方の差異を表していると言ってもよさそうである．実際，非常に些細な表現の違いでもそれは話し手の捉え方の差異の反映であり，それゆえ，意味が異なると言える．例えば，(3) を見てほしい．これは先生が話し手に向かって黒板消しを投げた状況を表しているが，前置詞に to を用いるのか at を用いるのかで話し手の状況に対する捉え方の違いが見られる．(3a) は話し手が受け取ることを前提に黒板消しを投げた感じがするが，(3b) にはそのような感じはない．この捉え方の違いを踏まえて意訳するとすれば，(3a) は「パスした」，(3b) は「投げつけた」のようになるだろう．

(3) a.　The teacher threw the eraser to me.

　　b.　The teacher threw the eraser at me.

　興味深いことに，本来，標的（target）を表す at には悪意の含意はないが（e.g. The girl smiled at me.），(3b) には悪意を持って投げつけたというニュアンスが生じている．これは，本来，相手に物を渡す意図がある場合に

---

[4] 実際，Tomlin（1997）は，注意が向けられている対象が主語として表現されることを実験によって明らかにしている.

は to を用いるはずなのにあえて用いなかったことが，黒板消しを渡す意図が先生にはなかったことを語用論的に推論させるからである．その上で，渡す意図がないのに相手に向かって投げるということは，ぶつけることを意図しているという推論も働く．実際，(4a) に示すように，壁はそもそも受け手 (recipient) にはなれないため to を用いることはできない．そのため，このようにそもそも to が用いられないような状況においては，(4b) のように at が用いられても悪意は感じられない．(3b) のような語用論的推論が働かないからである．

(4) a. *John threw a stone to the wall.
    b.  John threw a stone at the wall.

重要なのは，to を用いるか at を用いるかといったほんの些細な表現の違いでも，その表現を用いた話し手の捉え方の違いが反映されているということである．

　また，(5) のような表現においては do も does もどちらも容認されるが，どちらの場合も同じ意味を表しているということにはならない．話し手が飲酒と喫煙を別々の行為として捉えている場合には，主語が複数扱いになるため (5a) のように do を用いることなるが，(5b) のように does を用いた場合には，話し手が飲酒と喫煙を 1 つの複合的な行為としてまとめて捉えていることになる．

(5) a.  Drinking and smoking do not improve your health.
    b.  Drinking and smoking does not improve your health.

(Langacker (2009: 52))

　重要なのは，別々の行為とみなしているか 1 つの行為とみなしているかは，話し手本人でも気づかないほどの些細な心境の違いであるが，do を用いるか does を用いるかといった表現上の違いからこの心境の違いをうかがい知ることができるということである．

　話し手の言語表現の意味には必ず話し手の捉え方が含まれている．そのため，一見，同じ意味を表しているように見えても，表現が異なれば意味が異

なると言えるのである．仮に全く同じ概念内容を表している場合でも，表現
が異なる限り捉え方が異なる，つまり，意味が異なっているということである．[5]

## 2.2.　翻訳 (不) 可能性

　表現が異なれば意味が異なるということは，当然，異なった言語間にも当
てはまるはずである．例えば，日本語の「吸い殻」という表現を英語に翻訳
した場合，一般的には，cigarette butt などと訳されるが，この日本語と英
語の表現の間には完全なイコール関係が成り立っているといえるのだろう
か．

(6)　a.　吸い殻
　　　b.　cigarette butt

　両者の表現の違いを比較してみよう．日本語の場合は，「(たばこを) 吸う」
という行為のあとに残されたもの (=「殻」) という捉え方がなされている．[6]
一方，英語には，「吸う」という行為に関する言及はない．英語の場合は，
たばこの形状に注目し，ある種の擬人化を経て「たばこの尻」と表現してい
るのである．したがって，両者は同じ指示物を指しているという点で概念内
容は共有するが，異なった捉え方をしているため異なった概念化が行われて
いると言わざるを得ない．

　同様のことが文レベルでも言える．例えば，お風呂上がりの子供に対して
親は (7) のように言うことがある．英語で言った場合でも日本語で言った
場合でも，ともに同じ行為を要求しているという点では，どちらの文も同じ
意味を表しているように見える．ところが実際は，英語では dry (=「乾か

---

　[5] Bolinger (1977) は，その Preface において表現形式と意味が一対一の対応関係になっ
ていることを再認識する必要があると説いている．その際に用いられた "one form for one
meaning, and one meaning for one form" という表現は，後の認知言語学的研究の拠り所
となっている．
　[6]「殻」は本来の「生物の外皮」から「あとに残された外皮」，「あとに残されたもの」へと
拡張して用いられている．

78

す」）という動詞を用いているのに対し，日本語では「拭く」という動詞を用いているという点で明らかに捉え方が異なっている.[7]

> (7) a. Dry yourself with a towel.
>
>   b. タオルで身体を拭きなさい.

　これは，「濡れた身体をタオルで拭いて乾かす」という複数の動作からなる複合的な行為の中で，英語では「乾かす」という目的または結果に当たる部分に焦点が当てられているのに対し，日本語では「拭く」という手段または過程の部分に焦点が当てられていることを示している. つまり，英語の場合は目的（結果）を前景化し手段（過程）を背景化しているのに対し，日本語の場合は手段（過程）を前景化し目的（結果）を背景化しているということである.[8] そして，これはルビンの盃（図1）に代表されるような図と地の反転（figure-ground reversal）という認知的現象が言語表現に現れた例であると考えられる.

　図と地の反転における「図」とは，認知主体が相対的に重要であると判断し注目した情報であり，「地」とは，相対的に重要ではないと判断されたために注意が向けられなくなった情報である（cf. 辻（2013: 194））. 例えば，図1において，黒い部分に注目した場合，これが「図」となり向かい合う2つの顔が認識されるが，それに伴い，白い部分は相対的に重要ではない「地」と判断され背景化されるようになる. 逆に，白い部分に注目するとこの部分が「図」となり盃が認識され前景化されるようになるが，それに伴い，黒い部分は「地」と判断され背景化されるようになる. この心理的現象から見た場合，（7）は，複合的な行為の中の手段（過程）の部分と目的（結果）の部分のどちらを「図」とするかという選択において日英語間で図と地の反転が

---

[7] 実際には，冠詞の有無や再帰代名詞の使い方などの差異もあるが，ここでは動詞の違いだけに焦点を当てて議論している.

[8] 複合的な事態のどの部分を表現（＝言語化）するかという問題は池上（2011: 59）が指摘する言語によって「好まれる言い回し」が異なるという問題に近いが，一般的な言語類型論で扱っている課題は言語のコード化にまで至っている場合である. 例えば，Talmy（2000b），Slobin（2000），松本（2017）などが言語類型論の問題として関心を寄せるのは，事態のどの部分を動詞としてコード化するかという問題である（本書第2章2.3節を参照）.

起こっていると言える.

図1：ルビンの盃

　注意してほしいのは，(7b) の日本語を (7a) のように自然な英語に訳してしまうと日本語話者の捉え方が正確には伝えられないということである.もちろん，日本語の捉え方を反映させて (8) のように英訳することも可能であるが，(8) は英語としてかなり不自然である.[9]

　(8)　?Wipe yourself with a towel.

　重要なのは，翻訳における自然さと捉え方はトレードオフの関係になってしまう場合があるということである.自然な翻訳を求めれば，原語の持っていた捉え方が失われ，捉え方を生かした翻訳に努めれば目標言語の自然さが失われてしまう.これは，言語が視点依存的 (perspectival) であり，しかも慣習依存的 (conventional) であるため避けられない問題であると言える.[10]

## 2.3. 心的構築

　また，人間は，本来そこにないものを心的に構築 (mental construction) することができる.例えば，2.2 節の cigarette butt の例では，現実では無生物であるたばこに生き物の特徴を投影している.これはメタファーの働きによるが，本章で紹介している「捉え方」を広くとらえれば，与えられた概念内容のどの部分に焦点を当てるかといった限られた範囲ではなく，概念内

---

[9] もちろん，乾布摩擦のように身体をタオルで擦ること自体を目的とする行為であれば，むしろ (8) のように表現するほうが正確である.

[10] ことばがいかに慣習依存的であるかに関しては，Taylor (2012a) を参照.

容をどのように心的に構築するかという創造的（想像的）な側面も「捉え方」に含まれる．人間は外的な情報の中から重要な情報を選び出すが，もっと積極的に外的な情報の中に新たな情報を心的に構築するのである．

　例えば，(9a) には，一見すると想像的な側面は一切関与していないように思われるかもしれない．話し手は眼前の状況を客観的に描写しているように見えるからである．しかしながら，(9b) と比較すると，(9a) が決して客観的な事実の描写ではないことがわかる．

(9)　a.　道端に財布が落ちていた．
　　　b.　道端に財布があった．

実は，(9a) には，話し手の推論または解釈が含まれている．客観的事実として確かなことは財布が道端にあることだけであって，誰かが落としたかどうかは話し手には知る由もないはずである．

　注意したいのは，(9a) と (9b) は決して同じ意味を表しているわけではないということである．たとえ同じ状況を表していたとしても，表現が異なれば，伝える意味が異なるからである．(9a) には話し手が心的に構築した心的現実が含まれているという点で明らかに (9b) とは捉え方が違うのである．

　さらに興味深いのが (10) である．(9a) の場合は，財布が道端にあるということは誰かがそれを落としたはずだという推論にはある程度妥当性が認められるが，(10) には，そのような推論はまったく当てはまらない．高い山が一か所に移動してくるということはあり得ないからである．

(10)　　長野県の西側には高い山が集まっている．

　これは，虚構移動（fictive motion）などと呼ばれる現象で，心的にある種の移動を構築した例である（cf. Talmy (2000a: Chapter 2)）．これも話し手が創造的（想像的）に現実を捉えた一例である．

## 3.　視点構図

### 3.1.　主体性

　本章2節では，表現の違いが意味の違いを反映している，特に，同じ状況を表している場合であっても表現が異なれば，捉え方のレベルで何らかの違いがあるということを繰り返し述べてきた．このような考え方に従えば，次の（11）の表現の違いも単なる表現上の省略の問題ではないことになる．[11]

　（11）a.　Vanessa is sitting across the table from me.
　　　　b.　Vanessa is sitting across the table.

(Langacker (1990: 328))

（11）の文はともに話し手から見たテーブルの反対側に Vanessa が座っているという同じ状況を表しているために同じ意味を表していると思われるかもしれない．そして，そのように考えた場合，（11b）は単に（11a）におけるfrom me が省略されたものという理解がなされるだろう．しかしながら，もちろん，表現が異なっている以上両者の意味には何らかの違いがあるはずである．そして，この予測を確かめるために，まず，視点（＝視座）をどこに置くかという問題について検討することにする．

　図2は，人が物事を認識する際の認知の主体と客体の関係を表した図である．S と付された円は認知主体（subject of conception）を表し，O と付された太線の円は認識の対象つまり認知客体（object of conception）を表している．[12] 破線の矢印は，この認知主体 S が認知客体 O に対して注意を向けていることを表している．この認知客体 O は認知主体 S が向けた注意の焦点であるが，もちろん，それを取り囲む周囲の領域にも少なからず注意が向けられることになる．この領域は，観劇のメタファーを用いて，オンス

---

[11] もちろん，いわゆる省略と言われる現象には様々なケースがある．ここでは，本節で説明する主体性に関する現象だけを取り上げる．
[12] この文脈における conception は，perception「知覚」の上位概念として用いているため，本来ならば「認識の主体／客体」と訳すべきであるが，ここでは，以降の議論との統一性を重視して「認知主体／客体」としてある．

82

テージ領域（onstage: OS），または，客体的状況（objective scene: OS）と呼ばれている.[13] 図2では，認知客体 O を取り巻く横長の楕円がオンステージ領域 OS に当たる．そして，一番大きな外側の円はこの認知主体の意識が及ぶ最大の範囲を表している．したがって，定義上，この円の外側には認知主体の意識が及ぶことはないことなる．

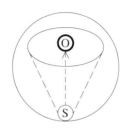

S = subject of conception

O = object of conception

◯ = full scope of awareness

⬭ = "onstage" region

↑ = directing of attention

図2（Langacker（2008: 260））

　図2のように捉えると，人が物事を認識する際の認知主体と認知客体の関係は絶対的であるかのように思われるかもしれないが，認知言語学では，そのようには考えない．なぜなら，人間は柔軟に状況を捉えることが可能だからである．後で詳しく扱うことになるが，例えば，人間は時に自分自身のことを客体視することがある．これは，認知主体が同時に自身を認知客体として捉えるということを意味する．つまり，主体か客体かという区別は捉え方次第ということになるのである．

　そのため，認知言語学では，ある要素が認知主体として捉えられている場合にはその要素が「主体的把握を受けている（subjectively construed）」と表現し，その要素が認知客体として捉えられている場合には「客体的把握を受けている（objectively construed）」と表現する．したがって，図2のオンステージ領域内にあるすべての要素は認識の対象，つまり認知客体なので客体的把握を受けていることになり，オンステージ領域の外側（オフステージ領域（offstage）と呼ばれる）に位置付けられた要素はすべて主体的把握を受

---

[13] 観劇のメタファーを用いた事態把握のモデルはステージモデル（stage model）と呼ばれ，次節で紹介する規範的事態モデルはこのメタファーに基づいた事態把握のモデルである（cf. Langacker（2008: 356））.

けていることになる.

　重要なのは，主体的把握を受けているものは，定義上，注意の焦点から外れていることを意味し，逆に，客体的把握を受けている要素は，定義上，何らかの注意が向けられていることを意味するということである．これは，観劇している際には，観客はステージ上の演技を見ることに集中し，それを見ている自分自身についてはあまり注意を払わないのと同じことだと考えると分かりやすい．つまり，認知主体は何かに注目しているときには自らの存在をほとんど認識しないのである．

　実は，（11）の意味の差異にはこの捉え方の問題が関わっている．（11a）では，me が明示されていることから，話し手が自分自身を認知客体としてみなしていることがわかる．一方，（11b）は単なる省略ではなく，話し手は認知主体としての役割に徹しているために自らの存在を意識せず，そのため，表現上に現れてこないのである．

　もちろん，ある要素が客体的把握を受けているのか，それとも主体的把握を受けているのかは程度の問題である．そして，ある要素が主体的把握を受ける程度のことを主体性（subjectivity）と言う（cf. Langacker（1990: 316））.

## 3.2.　規範的事態モデル

　図 2 のような視点の取り方をもとに，話し手が事態をどのように捉えているかを示す規範的事態モデル（canonical event model）が提案されている（cf. Langacker（2008: 357））．この事態把握のモデルは最も基本的な（＝デフォルト的な）視点構図（viewing arrangement）をとっていると考えられており，そこでは知覚者である話し手（および聞き手）は静止しており，その静止した位置から知覚者は周囲の世界で生じている出来事を観察し記述することになる.[14]

　例えば，（12）のような態の交替現象をこの規範的事態モデルで捉えると

---

[14] Langacker は認識の主体が静止した状態つまり視座が静的な場合を基本的な認識であると考えているが，人間の知覚はそもそも動的な視点によってもたらされるのであり，静的な視点は動的な活動の中でもたらされた一時的なスナップショットとにすぎないという主張もある（cf. 宮崎・上野（1985））.

両文とも図3のように表すことができる．図3はこの規範的事態モデルを図示したもので，認知主体である知覚者 V が動作主 AG と被動作主 PAT の間に生じている行為の関係（二重矢印）をそれらが行われているステージの外から静止した状態で眺めているという構図になっている．図3では，オンステージ領域に当たる部分が直接スコープ IS と表示されているが，それは，オンステージ領域が認知主体から直接注意が向けられる領域である直接スコープと一致しているからである．また，外側のボックスは最大スコープ MS と呼ばれており，図2における意識が及ぶ最大の範囲に対応している．

(12) a.　不二子がルパンを騙した．　（= (2a)）

　　 b.　ルパンは不二子に騙された．（= (2b)）

Canonical Event Model

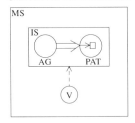

図3（Langacker (2008: 357) 一部改変）

(12) の2つの文は，図3の規範的事態モデル上では同じ事態として記述されるが，だからと言って，両者が全く同じ意味を表しているということにはならない．能動文の (12a) においては，動作主 AG である「不二子」に最も注意が向けられているのに対し，受動文の (12b) においては，被動作主 PAT である「ルパン」に最も注意が向けられているという点で話し手の捉え方が異なっているからである．[15]

---

[15] 認知言語学の枠組みに従うならば，図3には，プロファイル（profile）とベース（base），トラジェクター（trajector）とランドマーク（landmark）の区別などが明示されていなければならない．これらは言語表現の意味を記述するための記述法であるが，詳しくは Langacker (2008: Chapter 3) を参照．

　もちろん，このようなデフォルトから逸脱する視点構図もありえる．(13)
を見てほしい．ともに「〜が近づいてきた」という形をとっており，異なる
のは主語だけである．しかしながら，この両者には大きな違いがある．
(13a) では動いているのは認知客体である「野良犬」であり，認知主体であ
る話し手は動いていない．[16] 一方，(13b) では，認知客体である「羽田空港」
が動いているように表現されているが，実際には認知客体ではなく認知主体
である話し手のほうが動いている．

　(13) a.　野良犬が近づいてきた．
　　　 b.　羽田空港が近づいてきた．

　重要なのは，図3に示した規範的事態モデルは静的な視座を前提とし，
そこから事態を観察するという視点構図に基づいているため，(13) の2つ
の表現の事態把握の在り方の違いを正確に記述することができないことであ
る．それでは，(13b) のようなデフォルトから逸脱した動的な視座からの事
態把握はどのように記述できるのであろうか．次節では，話し手が自己をど
のように認識するのかという観点からこの問題に迫ってみたい．

### 3.3.　自己認識の在り方

　話し手の自己認識の在り方を考察するために，ちょっとした実験をしてみ
たい．唐突ではあるが，あなた自身がボクシングをしている様子を図に描い
てみてほしい．おそらく図4(a) のように描くのではないだろうか．図4(a)
では，あなた（自己）が相手とボクシングをしている図柄である．もちろん，
これが唯一の自己把握のあり方というわけではない．実際には，図4(b) に
示すように，ボクシングの相手（敵）のみが描かれ，あなた（自己）が描か
れない図柄を思い浮かべた読者もいるだろう．このような自己認識のあり方
もあるのである．

---

[16] ちなみに，(13) ではどちらの文においても話し手は主体的把握を受けているため，言
語化されていない．

86

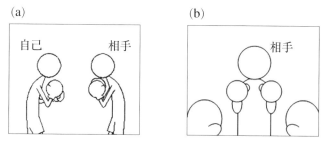

図4：自己認識の2つの在り方

　実際，よく考えてみると，はじめに思い浮かんだ図4(a) ではなく，図4
(b) のほうがより現実の見え方に近い自己認識の在り方であることに気づ
く．本来ボクシングをしている際に，自分自身が自分の視界に入ってくるこ
とはありえず，図4(b) のような見え方が本来の見え方なのである．では，
図4(a) はどのような認識の在り方を表しているかというと，本来の認知主
体としての自己がリングの外から自己の分身を眺めているという構図であ
る．つまり，本来の自己がボクシングをしている自己を客体視しているので
ある．このように，自己認識の在り方には少なくとも，2通りの様式がある
ことがわかる．ここでは，町田（2012, 2016）の提案に従って，図4(a) の
事態把握の様式を事態外視点，図4(b) のタイプを事態内視点と呼ぶことに
する。[17]

　この2通りの自己認識の在り方を（11）を再録した（14）を例にとって解
説してみよう．3.1節では，話し手が自分自身を認知客体としてみなしてい
るのが（14a）で，（14b）では，話し手が認知主体としての役割に徹してい
るために自らの存在を意識せず，そのため言語化されないと述べた．これは
まさに図4の自己認識の在り方にそれぞれ対応していると考えてよい．そ

[17]　一般的には，図4(a) は「三人称視点」，図4(b) は「一人称視点」と呼ばれることが多
いが，ここではこの呼び名は用いない．なぜなら，ここでの主張に従うと，自己が一人称
代名詞で表現される場合は三人称視点に分類されることになるため混乱が生じる恐れがあ
るからである．また，他にも，完全には同義ではないが，最適視点構図 (optimal viewing
arrangement) ／自己中心的視点構図 (ego-centric viewing arrangement) (cf. Langacker
(1985, 1990))，客観的事態把握／主観的事態把握 (cf. 池上 (2000)) など様々な呼び方が
ある．より詳しくは中村・上原 (2016) を参照．

して，図 5 がこれを図示したものである．

(14) a.　Vanessa is sitting across the table from me.　( = (11a))

b.　Vanessa is sitting across the table.　　　　　( = (11b))

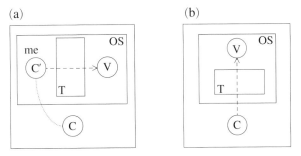

図 5 （町田 (2016: 170) 一部改変）

　図 5 における C は認知主体，V は Vanessa，T は table をそれぞれ表している．図 5(a) では認知主体 C が自らを客体視しているため，オンステージ領域 OS に自身の分身である C′ が描かれている．[18] C と C′ を結ぶ同一指示線（点線）は両者が同一物であることを表している．要するに，図 5(a) の事態外視点では，客体視された自己 C′ から見たテーブル T の反対側に Vanessa が座っているのをステージの外から認知主体 C が眺めるという事態把握の様式になっている．一方，図 5(b) の事態内視点はオンステージ領域 OS の外にいる認知主体 C からテーブルの反対側に座っている Vanessa を眺めるという事態把握の様式である．

　重要なのは，オンステージ領域の外側は主体的把握を受ける領域であるため，ここに表示されている認知主体 C は，定義上，注意の焦点から外れており，それゆえ，言語化されないということである．そのため，どちらの事態把握の様式をとった場合でも，認知主体 C は言語化されない．

---

[18] このように認知主体が C と C′ に分裂することに関して本多 (2005) は次のように述べている．「話し手が一人称代名詞で表現されている場合，そこには見られる存在であり，指示される対象としての話し手と，見る存在であり，指示する主体としての話し手との間に，分裂が生じている」（本多 (2005: 154)）．

88

## 3.4. 客体化

おそらく，この2つの事態把握の様式のどちらかに異論をはさむとしたら，事態外視点の方であろう．なぜなら，認知主体が自らの体験をそのまま表している事態内視点はある意味自明のことであるため否定することは難しいが，事態外視点は自己の分身の存在を前提とするため，自己の分身の存在自体を裏付ける何らかの証拠なり論理なりが必要だからである．そこで，ここでは，自己を客体視するという現象について掘り下げてみる．

認知主体が自らを客体視することを客体化（objectification）と呼ぶならば，どのような認知メカニズムの働きにより，認知主体は自らを客体化することができるのだろうか．Langacker（1990）は自らを客体視する状況について次のように述べている．

(15)　… suppose I experience an emotion, such as fear, desire, or elation. If I merely undergo that experience nonreflectively, both the emotion and my own role in feeling it are subjectively construed. But to the extent that I reflect on the emotional experience—by analyzing it, by comparing it to other such experiences, or simply by noting that I am undergoing it—the emotion and my role therein receive a more objective construal.

(Langacker (1990: 317-318))

この引用によると，認知主体は自身の体験を内省することによって自己を客体的に把握（= objective construal）することができ，これが客体化ということである．例えば，(16a) には認知主体が表現されていないため，認知主体は主体的な把握を受けていると言える．そして，もちろん，(16b) に示すように，認知主体は自身の身体部位に意識を向け身体の一部を客体視することもできる．[19] このような場合の言語化された「つま先」が客体化された自己（の一部）ということになる．さらに，(16c) のように認知主体全体を客

---

[19] 図4(b) において，自己から見えた状況の中に身体の一部（グローブ）が映り込んでいることからわかるように，自己の一部は容易に客体視される．

体化することもできる.[20]

(16) a.　靴が痛い.

　　 b.　つま先が痛い.

　　 c.　僕は靴が痛い.

　このように認知主体が内省によって自己を客体化することも可能だが,
(17) の引用で Langacker (2015) が指摘するように, 他者の視点をモニター
すること通しても自己を客体視することができる. これを図示した図6を
用いて Langacker (2015) の主張を明確にしてみよう.[21]

(17)　Being social creatures, we recognize the existence of other con-
　　　ceptualizers, who engage us as objects just as we engage them.

(Langacker (2015: 122))

(a) Conceptual　　　(b) Mutual Apprehension
　　 Engagement

 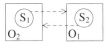

図6 (Langacker (2015: 122))

図6(a) は認知主体 S が認知客体 O に関与 (engage) しているところを表
している.[22] もちろん, 我々の社会には複数の認知主体が存在する. 図6(b)
は2つの認知主体の相互認識を表したものである. これによると, 認知主
体 $S_1$ は別の認知主体 $S_2$ にとっての認知客体 $O_2$ に含まれると同時に, 認知
主体 $S_2$ は認知主体 $S_1$ にとっての認知客体 $O_1$ に含まれている. 要するに,

---

[20]　身体部位の客体化に関するより詳しい分析は町田 (2016: 56-57) を参照.

[21]　実際には, (17) の引用および図6は, Langacker が間主観性 (intersubjectivity) につ
いて説明している箇所からの引用であり, Langacker 自身客体化については言及していな
い. 間主観性については4節で扱う.

[22] Langacker は認知主体 S と認知客体 O の認知的関わりの深さを perception (知覚) >
conception (認識) > engagement (関与) というスケールで捉えているようである. 最も深
い関係である「関与」は物理的な相互作用までも視野に入れた S と O の関係を指すと思わ
れる.

90

ある認知主体は，他の認知主体から見ると認知客体であるということである．

　それでは，この図6(b) がどのように事態外視点を生み出すかについて考えてみよう．まず，二人の参与者（自己と他者）がいる場面を考えてみる．この状況においては，原初的な視点である事態内視点が2つ存在する．自己の事態内視点と他者の事態内視点である．図7の下段にあるようにこの二人の視界には自分自身は出現しない．そして，Tomasello (1999) が (18) の引用で指摘するように，人間が他者の視点をモニターできるとしたら，二人の視点が融合された図7上段の認識が創発するはずである．

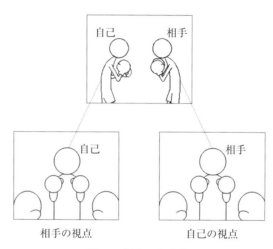

図7：自己の客体化

(18)　… so she （＝a child) begins to monitor adults' attention to her and thus to see herself from the outside, as it were.  She also comprehends the role of the adult from this same outside vantage point, and so, overall, it is as if she were viewing the whole scene from above, with herself as just one player in it.

(Tomasello (1999: 99-100))

　このように他者の視点のシミュレーションを通すことによって，認知主体

は自己を客体化することができる．そして，この図からわかることは，前節
で取り上げた事態外視点は，まさに，このような他者の視点のシミュレー
ションによっても創発するということである．

　以上からわかることは，自己の客体化には2つの方法がある．1つは自己
を内省することによって生じるもので，もう1つは，他者の視点をシミュ
レーションすることによって生じるものである．

　そして，ここでようやく保留しておいた（13）について議論する準備が
整った．（19）は（13）の再録である．（19）は主語が異なる以外は全く同じ
表現であるにもかかわらず，主語が動いているのか話し手が動いているのか
という点で大きく異なっている．（19a）では，静止している話し手に向かっ
て野良犬が近づいてきたことを表しているが，（19b）では，静止している羽
田空港に向かって話し手が近づいている．これを図示したのが図8である．

(19) a.　野良犬が近づいてきた．　（=(13a)）
　　 b.　羽田空港が近づいてきた．（=(13b)）

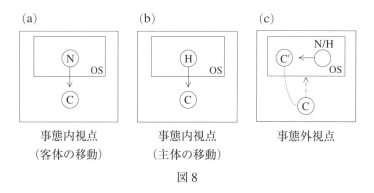

図8

図8(a) は（19a）に対応するが，ここでは野良犬 N が認知主体 C に向かっ
て移動してきたことを表している．では，（19b）はどうであろうか．（19b）
においては羽田空港 H が認知主体 C に向かって移動しているわけではない
ので，図8(b) のような図式は間違いであると思われるかもしれない．もち
ろん，図8(b) は間違いではない．図8(b) で表されているのは，認知主体
から見える外界の見え方の変化である．人間には，外界の見え方の変化に

よって自身の位置の変化を知覚する側面もある．事態内視点は認知主体の原初的な認識がそのまま反映されているため，実際には認知主体が羽田空港に向かって移動していたとしても，知覚レベルでは羽田空港のほうが認知主体に向かって移動しているのと変わらない見え方をしているのである．何が移動するのかという点で大きく異なっているにもかかわらず，(19) のように同じ表現が用いられるのは，外界の見え方が両者に共通しているからである．[23]

　では，この事態内視点における認知主体を客体化して事態外視点にすると何が起こるだろうか．(20) は (19) の認知主体を客体化して「私に」として表現したものである．

(20)　a.　野良犬が私に近づいてきた．
　　　　b.??羽田空港が私に近づいてきた．

興味深いことに，(20a) では認知主体の客体化によって「私に」が付加されても容認性は変わらないが，(20b) では明らかに容認性が落ちている．これはなぜだろうか．(20b) の容認性が落ちる理由は 2 つあると考えられる．1 つ目は，図 8(c) に示すように，事態外視点をとることによって，認知主体が自らを事態の外から観察することに起因する．図 8(a) と (b) に示すように，事態内視点においては主体と客体のどちらが移動するかは中和されてしまうが，認知主体が外から事態を眺める事態外視点においては移動する方向は中和されない．そのため，(20a) において野良犬 N が動いているのと同様に (20b) においても羽田空港 H が動いていると解釈されるようになってしまうのである．実際，(20b) の不自然さは空港という移動しないはずのものが話し手に向かって近づいてきたと解釈されることに起因しているのである．

　(20b) の容認性を下げるもう 1 つの要因は，客体化された認知主体を「私」

---

[23] 実際，VR (virtual reality) 機器などを身に着けると静止している認知主体が動いているように錯覚する．これは，客体の方が動くことによる見え方の変化によって主体が自らの動きを感じとるという知覚経験を利用したものである．

と表現したことにある．実際，(19b) において羽田空港が近づいてきたの
は，話し手に限ったことではない．むしろ，聞き手，もっと言うと，飛行機
に同乗しているすべての人々に対して空港が近づいてきているのである．次
の4節では，この自己が他者と経験を共有するという現象について考えて
みたい．

## 4.　間主観性

### 4.1.　2つの間主観性

　他者との経験の共有のあり方を検討するためには，日常的な会話における
話し手と聞き手の認知的なスタンスを例にとってみるのがよい．そこで，こ
こでは，デートにおける恋人同士の相互認識について考えてみよう．デート
の際の相手に対する認識のあり方には少なくとも対峙型と同化型の2つが
ある．典型的には，話し手が聞き手と向かい合って座る場合が対峙型であ
り，この場合，話し手は相手を意識すると同時に相手から自分がどのように
見えているかを意識することになる．

　一方，同化型は映画館のように話し手と聞き手が並んで座る場合であり，
この場合，話し手は相手も自分と同じようにスクリーンを見ているはずだと
いう認識のもとに，相手の意識に注意を払わなくなる．つまり，相手がまる
で隣に座っていないかのように，相手の存在自体が話し手の意識から消えて
しまうのである．そして，このような状況で起こっているのは，話し手と聞
き手の体験の共有であり，その意味で話し手と聞き手のある種の同化である
ともいえる．

　そこで，以上の考察をもとに，ここでは以下のような2つの間主観性 (in-
tersubjectivity) を提案したい．Zlatev et al. (2008: 1) の規定に従うと，間
主観性とは，広義には複数の主体の間で体験（感情，知覚，思考，ことばの
意味，など）が共有されることであるが，以下はその下位区分を提案するも
のである。[24]

---

[24] 大薗 (2018: 34) は浜田 (1995) の考察を受け，話し手と聞き手の関係として相補的ス

94

(21)　間主観性の下位分類

    a.　対峙型間主観性：　話し手が他者の視点（意識）をシミュレート（simulate）することによって成立する間主観.

    b.　同化型間主観性：　話し手が他者の視点を自己に同化（assimilate）させることによって成立する間主観.

（町田（2020: 246））

　対峙型間主観性は，認知主体同士が相互に相手を認知客体として認識している状況（図6(b)の図式）において，Tomasello (1999) が指摘するように，お互いがお互いの心内をシミュレーションすることによって成立する間主観性である．つまり，2つ以上の異なる主体の異なる事態把握が融合することよって生じる事態外視点に見られる間主観ということになる．

　一方，同化型の間主観性は相手を認知客体として認識することなしに成立する間主観性である．例えば，事態内視点は話し手にとってのきわめて個人的な経験をそのまま認識したものであるため，本来，事態内視点における認知主体は話し手に限られるはずである．しかしながら，実際は，前節の(19b)「羽田空港が近づいてきた」のような表現における認知の主体は話し手だけに限られない．つまり，(19b) の表現における認知主体には，聞き手やその場に居合わせた第三者までもが含まれるのである．それができるのは，本多（2005: 204）が「見えの共有」「身体の同期」と呼んでいるような，ある種の共感が話し手の中に芽生えるからである．そして，このような事態内視点における間主観性が同化型間主観性ということになる．

　図9はこの2つの間主観性の基本形を図示したものである．図9(a) は対峙型間主観である．ここでは話し手 S と聞き手 H が互いに対峙して独立していることが2つの円と向かい合った2つの破線矢印で示されている．太線のボックスは認知客体を表しているが，異なる2つの視点から同じ客体に向かって視線が向けられる．一方，図9(b) は同化型間主観性である．ここでは話し手 S と聞き手 H が分離していないことがスラッシュ（／）によっ

___

タンスと同型的スタンスを挙げているが，この分類はここでの提案と軌を一にするものである．

て示されているが，重要なのは，身体が同期されているため視点は1つで
あるということである．

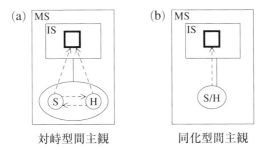

図9：2つの間主観性

　間主観性に見られる対峙型と同化型は，言語や文化の類型を考える際に有
益な示唆を与えるものだと考えられる．また，(22) の澤田 (2011) の引用
に示すように，歴史変化の観点からも今後の展開が期待される．つまり，
(22) によると，日本語は同化型間主観から対峙型間主観へ，言い換えると，
事態内視点から事態外視点へと歴史的に発達してきた可能性がある．

(22)　日本語は，自己（話し手）の領域内の事物・事象と他者（聞き手や
　　　第三者）の領域内の事物・事象とを言語的に区別する方向に発達し
　　　てきている．　　　　　　　　　　　　　　　　　（澤田 (2011: 181)）

## 4.2.　当事者感

　最後に，主語の省略とされる事例の中から同化型間主観に関する具体例を
見ておこう．(23a) は料理番組などで料理家が発する言葉である．(23a) は
認知主体から見えたままを表している事態内視点をとっているために主語で
ある認知主体が表現されていない．そこで，認知主体である話し手を客体化
して言語化してみるどうだろう．すると，(23b) に示すように日本語として
はかなり不自然な表現になってしまう．

(23) a.　まずフライパンに油をひきます．
　　　b. *私はまずフライパンに油をひきます．

96

(23b) の不自然さの原因は，フライパンに油をひくのはその料理家に限ったことではないにもかかわらず「私は」と言ってしまっているところにある．フライパンに油をひくという体験は，その料理番組を見ている一般の視聴者にも当てはまるのである．だからと言って，(24) のように一般の視聴者も含むような表現にしたとしても不自然さは解消できない．これはなぜだろうか．

(24)  {*私たちが／*あなた方が／*皆さんが} まずフライパンに油をひきます．

　実は，(23a) の発話を聞いているとき，視聴者である聞き手は，自分も一緒にフライパンに油をひいているような感覚を抱く．これが事態内視点の持つ効果である．ところが，(24) のように認知主体を客体化してしまうと，自分が料理をしているところを外から見ているような傍観者的な捉え方になってしまう．つまり，(24) では事態外視点になってしまい，(23a) の事態内視点が持つ，自らが体験するという感覚がなくなってしまうのである．要するに，(24) のような表現では，(23a) が持っていた当事者感が損なわれるのである．
　事態内視点が持つ同化型間主観は，他者もその事態の参与者であることを強く意識させる．つまり，他者は傍観者ではいられなくしてしまうのである．そのため，他者に積極的な関与を促す標語などには事態内視点がよく使われる．

(25)  欲しがりません．勝つまでは．

(25) は戦時中に使われた標語であるが，「欲しがる」という動詞の主語が欠けている．もちろん，主語がないのは単なる省略ではなく，同化型間主観における当事者感を狙ってのことである．そのため，この標語を読んだ人々は，「欲しがらないこと」を自分の気持ちとして認識することを強いられる．つまり，欲しがらないと自ら宣言することになるのである．このように，同化型間主観に基づいた表現は同調圧力を高めるための社会的道具としても利用されるのである．

## 5.　まとめ

　本章では，日本語と英語を中心にことばと視点の切っても切れない関係について，認知言語学の視点から考察してきた．ことばの意味には必ず話し手の「捉え方」が含まれている．そのため，どのような表現を用いるかで話し手の世界の見方がわかる．例えば，一般に言語上の省略と言われるような表現でも，概念内容だけでなく捉え方のレベルにまで注意を払えば，認知主体の自己認識や他者認識の違いが表出されたものであることがわかる．しかも，同化型間主観表現は，他者が話し手と同じ視点をとることを強いるため，主体間の密接なつながり（共感）をもたらすが，その一方で，主体間の同調圧力を高める働きもある．

第 5 章

# 意味論・語用論と子どもの言語発達のインターフェイス\*

深田 智（京都工芸繊維大学）

## 1. はじめに

　ことばを使う能力は，人の根幹をなす，人という種に特有の能力である（"Language is quintessentially human (Clark (2003: 1).")．またその獲得は，多種多様な能力とスキルの連携によって可能となる（"… the acquisition of language involves the coming together of a very broad array of abilities and skills (Iverson (2010: 255).")．赤ちゃんは，この「ことばを使う能力」をどのようにして獲得し，成長に伴って進展させていくのだろうか．またそこには，他者や事物を含む環境とのどのようなインタラクションがあるのだろうか．

　言語獲得や言語発達に関しては，これまでにも，発達心理学を中心に，言語学，認知科学，脳科学，文化人類学など様々な分野で取り上げられ，議論されてきた．書籍だけに限っても，筆者が思いつくものの中には，例えば，Clark（2003）のように，言語獲得の過程全般を詳述しているものもあれば，

---

　\* 本稿は，JSPS 科研費 JP16K13070 および JP19K02641 の助成を受けて行われた研究の成果を含んでいる．ドラフトの段階で有意義なコメントをくださった長井隆行氏，萩原広道氏にはここに記して感謝申し上げる．また，ドラフトの校正にあたっては，筆者の研究支援員である藤本亮太氏，岸本富美子氏，光國和宏氏，打谷拓巳氏にご協力いただいた．この場を借りて感謝の意を表す．

100

今井（2013）や今井・針生（2014）のように，語の獲得に主眼を置いて研究しているものもある．また岩立・小椋（編）（2017）では，言語発達に関わる様々な理論や研究成果が網羅的に紹介・解説され，やまだ（1987）では，子どもの言語獲得以前にどのような経験や他者とのかかわりがあるかが議論されている．さらに，Tomasello（1999, 2019）では，子どもの言語発達が社会文化的な視座から検討されている．

　言語発達研究では，一般に，言語獲得や言語発達が，子どもの認知能力や社会性の発達と関連づけて論じられる．しかし本章でも示すように，子どもは，ことばでコミュニケーションするようになる前から，視線や身体のうごき（指差し，など）を介して他者とインタラクションしている．したがって本章では，この種のことば以外のインタラクション手段にも注目し，認知能力や社会性の発達だけでなく運動能力の発達とも関連づけながら，ことばの獲得と発達を意味と語用を主軸に考察する．また言語獲得研究で論じられることの多い，養育者やモノとのかかわりに加え，友だちとのかかわりにも焦点を当て，ことばを用いるようになった後に具体的にどのようなことばや他者とのインタラクション能力の発達が見られるかも検討する．

　ただし，子どもの言語獲得・言語発達は，多種多様な要因が相互に作用し合って可能となる．したがって，対象となる言語やそれを用いる社会や文化，対象となる子どもが異なれば，ある種の言語表現の獲得時期やある能力の発達時期などが異なる場合もある．また，研究者間で分析の観点が異なる場合や専門用語の定義が異なる場合には，同じ現象に対して異なる説明がなされることもある．事実，本章で紹介する文献間あるいはデータ間でこの種の相違がみられる場合もあった．その場合には，個々の先行研究の議論を歪めることがないように配慮して提示したつもりである．本章を通して，言語を含む子どもの発達の大きな流れを理解するとともに，多種多様な要因が複雑に絡み合って言語獲得・言語発達が可能となることを再認識していただければと思う．

## 2.　1歳半ごろまでの言語獲得とその基盤

　図1に示すように，乳児は，養育者とのかかわりが中心となる0～4か月頃の段階，モノとのかかわりが中心となる5～9か月頃の段階を経て，この2つの軸を組み合わせた，自分と養育者とモノという三項関係を形成する（やまだ（1987）参照）．以下ではこの流れに沿って，子どものかかわる世界の広がりについて論じる．

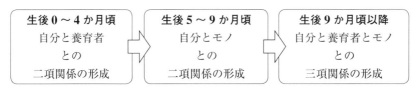

図1：子どものかかわる世界の広がり（生後0～9か月頃まで）

### 2.1.　養育者との二人称的かかわり

　生後0～4か月頃は，他者，とりわけ養育者とのかかわりが主となる時期である．やまだ（1987）は，ことばの発現の前にどのような環境との相互作用があるのかを自身の長男の観察記録をもとに検討している．新生児でさえエントレインメント（相手と互いの動作を同期させ，調整する動き）が見られることから，やまだは，赤ちゃんが生まれながらにして養育者と「情動を媒介にして響きあうことで通じあいをする (p. 64)」存在であり，[1] ことばは，「自分が見たものを他人にも見せたいと願い，共鳴し，共感し，響存する (p. 154)」中から生まれると主張する．

　乳児期に見られる子どもと養育者との，この情動を媒介とした関係を，やまだは，「うたう」関係と呼んでいる．[2] この頃の養育者と子どもは，両者の

---

[1] 人が生まれながらにして他者とインタラクトしようとする存在であることは，Brown (2014: 29) の次のような指摘からもうかがえる．
　　(i)　Humans appear to be biologically preprogrammed for collaborative interactional
　　　　abilities in a number of respects … .　　　　　　　　　　(Brown (2014: 29))
[2] Malloch (1999) は，赤ちゃんと母親との音声的なやりとりを分析し，そのやりとりが「音楽的コミュニケーション」(communicative musicality) となっていることを指摘している．

間に「別のものが入る余地がないほど密接で融けあって（p. 147）」おり，互いに対面する姿勢で，相手の動き，相手の表情に何よりも関心を持って向き合い，情動の伝染によって共鳴し合うとされる．

　このように，赤ちゃんは，生まれながらにして養育者とかかわりあおうとする存在であると考えられるが，赤ちゃんが養育者と「うたう」関係を形成するためには，養育者もまた赤ちゃんとかかわろうとする存在でなくてはならない．つまり，赤ちゃんが養育者と向き合うように，養育者も，子どもに関心を持ち，子どもと向き合い，子どものかかわりあいたいという思いを汲んで，ことばと行動で応じていく必要がある．[3]

　Reddy（2008: 6）は，人が人を理解するためには「かかわりあうこと」（engagement）が必要不可欠であり，そのかかわりは，〈私〉と〈あなた〉からなる「二人称的かかわり」（second-person engagement）でなくてはならないと主張する．二人称的かかわりとは，相手を，観察対象（三人称）と見なすのでも，また，自分と同じ存在（一人称）と見なすのでもなく，「あなた」と呼びかけ，応じていこうと思う対象，すなわち，二人称と見なしてかかわりあっていくことである．このかかわりあいは，鯨岡（2006）の用語を借りるならば，「相互主体性」ということになろう．赤ちゃんと養育者は，主体として共にそこに存在しながらも，互いにかかわりあっていく関係にある（鯨岡（2006: 37）），というわけである．

　もちろん，赤ちゃんにはまだ，自己や他者といった意識や概念は確立されておらず（やまだ（1987: 61, 150）参照），また，一人称や二人称といった人称の概念も（言語獲得を通して可能となると考えられるため）獲得されていない．しかし赤ちゃんの行動は，多くの場合，養育者からは自分と二人称的に

---

[3] Nagai et al.（2012）は，生後6〜8か月および生後11〜13か月の乳児と養育者のインタラクションを，両者の視線と身体（頭，手，胴体）の動きに注目して計測している．それによれば，乳児が成長に伴って，養育者と共同注意（joint attention）ができるようになり，身体の動きも調整できるようになると，養育者の反応や身体の動きも，それに合わせて（子どものさらなる成長を促すために）変わっていった，ということである．この結果からも，養育者が子どもに向き合い，子どもとかかわりあう存在であることがうかがえる．ただし，この，養育者の子ども，とりわけ，乳児へのかかわり方には，文化差があることも指摘されている（Brown（2014）参照）．

かかわりあおうとしているかのように感じられる（やまだ（1987: 63-64）を参照）．だからこそ養育者は，赤ちゃんに合わせて自らのことばや行為を調整しながら赤ちゃんに応じる．そしてまた，赤ちゃんのほうも，このような養育者からの反応があるからこそ，それをもとに，他者とのインタラクションにおいて必要なことばや行為を獲得していくと考えられる．

## 2.2.　モノとのかかわり：外部世界からの意味の取り出し

　乳児は，生後3〜5か月頃にかけて飛躍的に目と手の協応ができるようになる．この時期になると，乳児は，養育者との二項関係から一度離れ，モノとの二項関係を形成し始める（やまだ（1987: 74））．モノとかかわる（見る，取る，動かす，など）中で，同じような特徴（形状や機能，性質など）を持つモノがあることに気づき，また，同じようなパターンや規則性—例えば，箱からブロックを出したり入れたりする際に見られる〈出し入れ〉の動き，箱であればその中に何かを入れられる，おもちゃは動かせるけれど犬や猫は自分とは無関係に動く，など—が見られることにも気づく．

　日常経験の中で繰り返し現れる形状やパターン，規則性は，「イメージ・スキーマ」（image schemas）と呼ばれている（Johnson（1987），Lakoff（1987）参照）．イメージ・スキーマは，基本レベルカテゴリー（basic-level catego-ries：認知的に処理しやすい事物のカテゴリーで日常経験の中でその全体像—ゲシュタルト—を捉えることができ，身体を使ってインタラクトできる物体の集合．心的イメージの形成が容易で，子どもは最初にその名称を学ぶとされる）とともに，日常経験の中から「意味のある」（meaningful）構造として取り出される「前概念的構造」（preconceptual structure）であると考えられている（Lakoff（1987）参照）．[4]

　Mandler（2004, 2005）によれば，イメージ・スキーマは，前言語的概念（preverbal concepts）を構築するための型（format）であり，「知覚意味分析」（perceptual meaning analysis：知覚情報を分析し，思考に利用できるよう

---

[4] 基本レベルカテゴリーの詳細は Lakoff（1987），イメージ・スキーマの詳細は Lakoff（1987）と Johnson（1987）を参照．

に単純な形式にコード化すること）を介して，遅くとも生後 6 か月頃から形成され始めるという。[5] 生後 6 か月といえば，まさに乳児が積極的にモノとかかわっている時期である．Mandler は，この時期に形成されるイメージ・スキーマを土台として，どの言語母語話者の子どもも，前言語的概念を形成し，それを軸にそれぞれの言語を獲得するという．

　ただし，以上のような日常経験からの意味の取り出しや意味の形成過程を解明するには，その過程自体をモデル化して検証するというような機械学習の分野の研究も必要である。[6] 例えば，久良木ほか（2020）や宮澤ほか（2020）は，Self-Attention（自己注意：あるデータの並びの中にある，異なる箇所どうしを関連づけていくメカニズム）を用いたマルチモーダル学習を行うことで，単一モーダル情報だけでは形成されなかったカテゴリーが形成されること，また，物体の〈色〉，〈形〉，〈テクスチャ〉，〈用途〉といったマルチモーダル情報に加えて，この 4 つに関する言語情報を入力することで，物体の分類精度が高くなることを報告している．これらの研究は，日常経験の中から意味のある構造を取り出す過程とは，各感覚器官を通して得られた一連の情報の中で，頻出する情報のいくつかに「注意」を向け，それらを関連づけていく過程であることを示唆しているように思われる。[7,8]

　子どもは，ことばが話せるようになる前から，すなわち，養育者と「うたう」関係を築いている時も，また外界の事物を探索している時も，養育者から様々なことばをかけられて成長する．外界への注意とともに，この養育者

---

[5] Mandler（2005: 147）は，イメージ・スキーマを，空間移動や空間情報を抽象化した，動的なアナログ表示（dynamic analog representations, consisting of schematic versions of spatial information and movements in space）と考えている．

[6] 機械学習の分野では，認知科学全般の知見を援用して，可能な限り，心や脳のシステムに近づけてモデルを作成し，そこから人と同じような予測ができるか—言語に関して言うならば，そこから人と同じような概念形成や言語獲得がなされるか—を実験的に検証している．

[7] Mandler（2005）も知覚意味分析には「注意」の能力が必要であると述べている．

[8] 長井ほか（2016）は，赤ちゃんのように言語を理解するロボットの実現に向けて，マルチモーダル情報から形成されたカテゴリーを語彙と結びつけるモデルを提示している．また，このモデルを搭載したロボットが 1 か月に亘って人とインタラクションする中で，学習すべき物体の約 6 割を正しくカテゴリー化したことも報告している．

からのことばへの注意があり，その両者がうまくかみ合った時に，ことばは獲得され，世界が解釈（分節化）され始めるということであろう．その意味でも，ことばの獲得には，生後 9 か月頃から見られる自分（子ども自身）と他者（養育者）とモノ（両者の共同注意の対象）との三項関係の成立がなくてはならない．

## 2.3.　自分と養育者とモノの三項関係の成立

### 2.3.1.　ジェスチャーと養育者からのことばがけ

　生後 0 〜 4 か月頃に養育者とのかかわりを深め，生後 5 〜 9 か月頃にモノとのかかわりを形成した後で，子どもは，生後 9 か月頃から，この両者を統合し，自分と他者とモノとの三項関係を築くようになる．この三項関係の成立は，「9 か月革命」(nine-month revolution) と呼ばれている (Tomasello (1999))．

　この時期になると子どもは，他者，とりわけ養育者の注意を，自分とモノ (= 自分の注意の対象) の双方に向けさせるために，指さしや提示，手渡しといった共同注意 (joint attention) を促す行動をとるようになる (やまだ (1987), Tomasello (1999) などを参照).[9] また，他者の視線を追って何かを見たり (視線追従)，モノを介して他者と一緒に何かを行ったり (協調行動)，他者が何かに働きかけるのと同じ行動を取ったり (模倣学習) するようにもなる (Tomasello (1999) なども参照)．

　共同注意を促すために用いられる指さし (pointing) は，他者にモノを指し示して共に眺めるという機能を持つ (やまだ (1987: 110))．また指し示されたモノは，養育者と子どもから離れたところにあり——提示や手渡しの場合には，モノが養育者と子どもの近くにある——，指し示す指と指し示されるモノとが分かれているという点でことばに近い (やまだ (1987: 157))．そ

---

[9] Clark (2001) では，養育者が子どもとの共同注意を成立させるために，子どもの注意を注意の対象に向かせようと何度も子どもに働きかけている様子が示されている (pp. 97-100)．この共同注意の成立によって，養育者と子どもとの間には，共通基盤 (common ground) が形成される．Clark によれば，この共通基盤の積み重ねを通して子どもの言語獲得・言語発達が促されるということである．

のため，言語獲得研究でも，この指さしに着目した研究が盛んに行われている．例えば喜多（2008: 76-77）は，指さしを，次の三つの発達の流れが1つにまとまり，新たな機能を持つようになった行為として位置づけている（以下は筆者によるまとめ）．

第一の流れ：指たて（腕を縮めたまま人差し指を伸ばす行為）
　　生後3か月頃に始まり，生後9〜13か月の間に急激に頻度が減る。言語的音声との同期が見られる。
第二の流れ：体の一部をある方向に伸ばして方向に関する意図を伝える行為
　　生後10か月頃は手さし，その後，生後10か月半ば頃からは指さしが現れる。
第三の流れ：他者との注意の共有
　　生後4か月頃には，大人の視線の方向に自分の視覚的注意を向けられるようになり，さらに生後6か月以降になると，大人の顔の方向に自分も顔を向けて，大人が何を見ているのかを知ろうとするようになる。

　やまだによれば，指さしははじめ，他者に知らせようという意図とは関係なく，子どもが驚いたり感動したりした際に自然と出てくる，ということである．そのため，指さしには，「アー」のような音声が伴う場合が多く（やまだ（1987: 83-90）にもその事例が示されている），子どもの誕生以来二人称的にかかわってきている養育者は，その驚きや感動を共有しようと，これに反応してそちらを見，ことばをかける．やまだは，この種の養育者の反応に注目した詳細な議論を展開しているわけではないが，子どもの中から自然と出てきた指さしが，人と「交流」（やまだ（1987: 91））するための行動へと変化するためには，おそらく，このような養育者からの反応がなくてはならない．

　人と交流するための指さしが確立すると，指さしは，指示対象を表す単語がわからない時にそれを他者に示そうとして用いられるようになる．そしてその単語が獲得されると，指さしは使用されなくなる（喜多（2008: 77-78）参照）．

Kelly（2006）は，生後10～30か月頃の子どもの用いる3つのジェスチャー――(a) 指さし，(b)「ちょうだい」ジェスチャー（GIMME gesture；養育者もしくは欲しいモノを見つめたまま手のひらを広げて差し出す動作），(c)「これ見て」ジェスチャー（ATTENTION FOCUS gesture；養育者に差し出したモノを養育者を見たまま投げ落とす行為）――に対して，大人がどのように反応するかを調査している．それによれば，子どもの指さしに対する養育者の反応は，その88％が子どもが指さした対象に目を向けるという行為であり，「ちょうだい」ジェスチャーに対しては，78％が子どもが欲しがっているモノを与えるという行為，また，「これ見て」ジェスチャーに対しては，82％が子どもの提示したモノを見るという行為であったということである．これはこの3つのジェスチャーが，それぞれ，ある特定の意味を表す記号として養育者に理解されていることを示している．

加えてKellyは，子どもがジェスチャーしか用いない場合であっても，養育者が，同じジェスチャーに対しては同じように反応し，同じようなことばで応答し続けることで，子どもの言語獲得が促されていくことも明らかにしている（Kelly（2006: 27）を一部日本語に訳して提示，深田（2020b）も参照）．[10]

| 子どもの月齢 | 子どものジェスチャーと言葉 | | | 大人の応答ないしは反応 |
|---|---|---|---|---|
| | 主語 | 動詞 ジェスチャー 語 | 目的語 | |
| 13 | | GIMME | | *want more pears?* |
| 14 | | GIMME | milk | *want more milk?* |
| 17 | | GIMME ＋ want | | *You want more?* |
| 17 | | more | | *more milk?* |
| 18 | I | GIMME ＋ want | that | （応答なし） |
| 25 | I | want more | cheese | （Cheraにチーズをあげる） |

表1：ジェスチャーを交えた子どもの発話と大人の反応

[10] もちろん，子どもだけでなく，大人も，他者とのインタラクションの中でジェスチャーを用いることがある．例えばClark（2014: 112-113）は，大人が子どもにとって新奇な語彙を教える際に，その語の指示対象に関する情報をことばだけでなくジェスチャーでも表現すると述べている．またKashiwadate et al.（2020）は，大人のジェスチャーが，言語表現上の統語的な曖昧性を排除するために用いられている可能性があることを指摘している．

表1は，Chera（子どもの名前）が「Xが欲しい」（英語の構文としては，
I want X となる）という思いを伝えるために使った伝達手段（ジェスチャー
とことば）の変化を，その時々の母親の反応とともに示している．このやり
とりから，母親が，Cheraの思いを確認するためにほぼ毎回同じようなこと
ばを用いて応じている様子がうかがえる．そしてこのやりとりを繰り返す中
で，Cheraが徐々にことばだけで思いを伝えられるようになっていくことも
見て取れる．言語獲得の始まりには，このように，子どもによるジェス
チャーでの発信と，そのジェスチャーをある特定の意味を表す記号と見な
し，同じジェスチャーに対しては同じように対応し，ことばがけをする養育
者がいる，ということである．

### 2.3.2. 音声が「ことば」になる：自閉スペクトラム症児の事例から

子どもが思いを伝えようとして起こした行動や発声に対し，養育者が反応
し，両者の間に「ことば」が生まれ，それが共有されていく様子は，萩原
（2018）にも見られる．萩原は，自身が作業療法士（occupational therapist,
OT）として，自閉スペクトラム症（Autism Spectrum Disorder, ASD）の
子ども，かずくんの作業療法にあたった際の記録を提示し，「『ことば』のさ
らに手前にある，身体を介した主体と環境とのインタラクションを切り口
（pp. 561–562）」に，その広がりと深まりが言語コミュニケーションの発達
にどう展開するかを考察している．

ASD児は，一般に，言語獲得や言語理解に障害があるとされる．また，
たとえ話しことばを獲得してもことばの使い方，すなわち，語用論的な能力
に大きな障害を持っているとも言われている（小椋（2008））．そこにはミラー
ニューロンがうまく機能していない，なども含め複数の要因があるようであ
る（岩立・小椋（編）（2017: 154-157））が，言語獲得との関連で最も重要視さ
れているのは，共同注意の欠陥，すなわち三項関係が成立するような状況に
おいてもモノとの関係の比重が大きくなってしまう（熊谷（2006: 12））という
点である．

萩原（2018）で分析されているのは，初回のセッションから第10セッ
ションまでの計10セッション，かずくんが4歳9か月〜5歳4か月の間に

採取されたデータである．この作業療法のセッションは，いずれも，かず
くんが「目的をもって環境に関わり，その達成に向けて思い通りに自己身体を
操作する体験を積む」ことを通して，「環境とのインタラクションを図る際
の媒介物を自己身体から道具，サイン，そして言語へと拡げ，さらにそれら
の内容が充実し深まっていく」ようにすることを目的としてなされた（萩原
（2018：562））．本節に深く関連すると思われる，かずくんと OT とのやりと
りの変化を表 2 に示す（萩原（2018）を一部変更して提示．各回のかずくんの年齢
は括弧書きしている．下線及び強調は筆者）．

| 第 1 回<br>（4 歳 9 か月） | OT がブランコを漕いでみせるが，「どうぞ」と言われても，<u>左手を振って，「ガーギャー」と拒否と思われる反応を示す</u>． |
|---|---|
| 第 6 回<br>（4 歳 11 か月） | 自分からブランコに乗るなど自己の身体をうまく操作できるようになる。ブランコ遊びの間，OT は，ブランコの揺れに合わせて歌い，揺れが止まると歌も止めるようにする。OT とは，<u>ハイタッチと歌と揺れとを再開させるというルール</u>を共有し，OT の手にタッチしてこれに応じようとする。遊びの中で視線が合いやすくなる。 |
| 第 8 回<br>（5 歳 1 か月） | OT が「どうぞ」と促すと<u>自分からブランコに向かい</u>，OT と同じ乗り方で乗る。 |
| 第 10 回<br>（5 歳 4 か月） | ブランコ遊びの途中で OT が眠ったふりをすると，<u>その顔を見ながら両手を持って揺すったり，足を持って立たせようとしたりする</u>。OT がブランコを途中で止めると，**OT の顔を見てブランコを前後に揺すり，「キカ」「キキ」と言う**。OT が視線と発声が伴ったときにのみ再び揺すると，<u>回を重ねるごとに発声がはっきりしてくる</u>。 |

表 2：かずくんと OT とのセッション

　はじめは，OT がブランコに誘っても拒否と思われるような反応を示して
いたかずくんも，セッション 6 では，環境とのインタラクションを通して
自分の身体をうまく使えるようになり，OT ともルールを決めて遊べるよう
になる．またセッション 8 では，OT の「どうぞ」ということばに反応して

行動するようになり，セッション10では，自分の思いを伝えようとOTに行動（両手を持って揺する，足を持って立たせようとする）で働きかけ，それにOTが反応している．加えてこのセッション10では，OTがブランコを止めると，かずくんはその顔を見て，ブランコに乗ったまま行動（ブランコを前後に揺する）と音声（「キカ」「キキ」）で，OTにブランコを揺すってほしいという思いを伝えようとする．OTは，このかずくんの思いを理解するが，かずくんが「キカ」「キキ」と発声し，なおかつ自分と視線を合わせた時にのみに思いに応えるということを繰り返す．これによって，かずくんの発声は徐々に明瞭になっていく．

　セッション10のやりとりを筆者なりに解釈すると，セッション10ではまず，OTが主導的に，かずくんの発した音声（「キカ」「キキ」）を意味（「ブランコを揺すってほしい」）と結合させ，その使用にあたっては視線を合わせるという行動をルール化していることがうかがえる．[11] そしてこのルールに沿ったやりとりを繰り返す中で，かずくんもそのルールを受け入れ，そのルールに則った行動をとるようになっていく．こうして「キカ」「キキ」は，二人だけに共有された「ことば」となったというわけである．

　以上のかずくんの事例は，子どもがことばの世界に入るためには，子どもの側の認知的，身体的，社会的な準備はもちろんのこと，その途中の段階であってもそれを受け入れ，子どもと二人称的にかかわる養育者がいる必要があることを示唆している．加えてこの事例から，養育者が，子どもとのやりとりの中で，社会的に受け入れられた記号使用のルール——かずくんの事例では，相手と目を合わせて発声する，ということ——も伝えていることがうかがえる．言語獲得は，子どもの認知，身体，社会性の発達に，子どもと二人称的にかかわる養育者の反応——その反応には，社会的なルールを「教える」行為も含まれる——が加わることで初めて可能になると考えられる．

---

[11] 小椋（2008）によれば，ASD児は，「相手の顔を見て頼むことをしない（p. 218）」ということである．

## 3. 一語文から各言語に特有の表現パターンの獲得へ：3 歳頃までの言語獲得

　2 節で示したように，子どもと養育者との間に三項関係が形成されるためには，共同注意の対象となる具体的な事物とともに，指さしをはじめとするジェスチャーや音声といった相手に向けた何らかの働きかけが必要となる．これらは，程度の差こそあれ，社会的に共有された記号的な人工物と考えられ（2.3.1 節も参照），[12] この延長上に「言語」——こちらも社会的に共有された記号的な人工物である——がある．

　子どもは，1 歳前後になると大人にもそれとわかるようなことば（語）を発するようになる．表 3 は，この時期の一語文の内容とその英語事例である（Tomasello（1999: 137）およびその邦訳である大堀ほか（2006: 182-183）を参照．本章の議論に合わせて一部改変）．

| タイプ | 具体的な英語表現 |
|---|---|
| (a) 事物の存在・不在・再出現 | hi, bye, gone, more, again, away など |
| (b) 他者とのモノの交換・所有 | give, have, mine, Mommy's など |
| (c) 人やモノの動きや所在 | come, go, up, down, in, out, here, there など |
| (d) モノや人の状況やその変化 | open, close, break, fix, wet, pretty など |
| (e) 人の身体的・精神的活動 | eat, kick, hug, want, do など |

表 3：1 歳前後に現れる子どもの一語文の内容

　この表から，自分と他者，そして，その両者の共同注意の対象となるモノの存在や不在，状態や変化，関係が一語文で表されることが多いとわかる．ただし，助詞という特有の形式を持つ日本語の場合には，（b）タイプの表現は，内容語に所有の「の」（例「パパの」）を伴う形で表される．岩立・小椋

---

　[12] 2.3.1 節で挙げた驚きや感動の「アー」は，それが驚きや感動を表す音声であるとわかるし，2.3.2 節で見た，OT の両手を持って揺するという行為は，ブランコに乗るという文脈があれば，ブランコを揺すってほしいという意味だとわかる．子どもが親の手や足を引っ張るという行為をした場合にも，こちらに来てほしいという子どもの思いが込められていると理解できるとするならば，やはり，これらの音声や行為にも，程度の差こそあれ，社会的に共有された意味があると考えられる．

112

（編）（2017: 55）によれば，この助詞「の」は，助詞・助動詞の獲得として
は最も早く，生後20〜23か月頃から出現するという．さらに興味深いのは，
この「の」と同時期に，終助詞「ね」（例「きれいね」）も獲得されるという
ことである．森田（2008）は，この終助詞「ね」を「相互行為助詞」（inter-
actional particle）と呼んでいる．「ね」は，相互行為の根本にある「協調」
（alignment：相互行為の参加者による相互的な参与）のための道具であり，
自分の「協調」，すなわち，自分が会話に参与していることを明示するだけ
でなく，相手の「協調」，すなわち，相手の会話への参与を引き出す枠組み
となっているという．他者とのインタラクションそれ自体に関わる言語表現
の獲得が早いということは，一般に，他者とのかかわりの中での自己を重視
するとされる日本語（Nisbett（2003）も参照）ならではの特徴なのかもしれな
い．[13]

　一語文を用いるようになった子どもは，その後，獲得した語を軸に二語，
三語と語を繋げ，語彙だけでなく文法も獲得しながら，ことばの世界を広げ
ていく．例えば Tomasello（1999: 138）では，大人からかけられた *More
juice, More milk, More cookies* などのことばから，子どもが *more* を軸と
した [*More* X] パターンを形成することが示されている．Tomasello によれ
ば，この種のある特定の語を軸としたパターン，すなわち「軸語構文」
（pivot construction）は，1歳半頃に獲得される（Tomasello（1999: 152））と
いうことである．[14]

　さらに Tomasello（1999: 138-143, 150-153）は，英語の構文獲得に注目
し，例えば *kick* であれば，X kick Y のように，個々の英語の動詞が取る参

---

[13] ちなみに綿巻（1997）は，6歳の ASD 児に終助詞「ね」の使用が観察されなかったこ
とを報告している．綿巻によれば，終助詞「ね」は「心の理論の言語的先行物のうちで，最
も早く発現する」ことばであり，ASD 児にとっては「対人的な意味を表現することが認知
的意味や実利的意味を表現することに比べて特別に困難な領域である」ということである．
[14] 深田（2020b）では，観察対象となった子どもが，1歳11か月頃から，「ばーば（の歯
ブラシが）ない」「ぶーぶ（が）ない」や，「あか（い）ぶーぶ」「ママ（の）ぶーぶ」などを
用いるようになったこと，ゆえに，この時期には，「ない」を軸とした「X（が）ない」パ
ターンや，「ぶーぶ」を軸とした「X（＝修飾語）ぶーぶ」パターンを形成していたと考えら
れることが示されている．

与者をスロット化したスキーマ——これは，「動詞の島構文」(verb island construction) と呼ばれている——が2歳前頃から形成されることも示している．そして，獲得される動詞の数とその動詞を軸としたパターンの数が増加すると，そこからさらにパターンが抽出されるようになる（例えば，X kick Y パターンとともに，Ernie kissed her. などの事例を通して *kiss* を核とした X kiss Y パターンも形成されると，X Verb Y というパターン，すなわち，単純他動詞構文が形成される）．この種の抽象的な構文を含め，各言語に特有の表現パターンを獲得する時期は3歳頃ということである（Tomasello (1999) とともに，Özçalışkan (2009) による移動事象表現の研究も参照）．図2は，一語文の出現から抽象的な構文もしくは各言語に特有の表現パターンを獲得するまでの過程を筆者なりにまとめたものである．

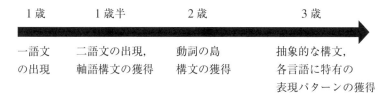

図2：一語文から抽象的な構文，表現パターンへ

Slobin (2000) は，子どもの言語事例も交えた複数の言語の移動事象表現の分析をもとに，各言語に特有の表現パターンを獲得することで，たとえ同じ事態であっても，その獲得言語によって注目するところが変わり，その事態の解釈も変わると述べている．5〜9か月頃に見られるモノとのかかわりの中で，自身の感覚運動経験に基づいて同じような前言語的概念を（おそらく習得言語の違いを超えて）形成していたであろう子どもも（2.2節参照），それを足がかりとして言語を習得していく中で，習得言語の影響を受け，前言語的概念の中に言語化する部分としない部分という濃淡ができていくというわけである（Mandler (2005) も参照）．

## 4. 運動能力の発達と言語獲得

2.2 ～ 2.3 節までの議論からもわかるように，運動能力，とりわけ，モノを操作する能力や移動能力の獲得は，子どもが相互作用できる世界を広げ，言語獲得の準備段階としての前概念的構造の獲得を促すとともに，三項関係を形成する上でも重要な役割を担っている．しかし，言語獲得を，子どもの運動能力の発達と積極的に関連づけて議論している研究はあまりない．以下では，言語獲得を運動発達との関連で検討している Iverson（2010）と，深田（2018）および Fukada（2018）を概観する．

### 4.1. 生後 18 か月までの運動能力の獲得と言語獲得

Iverson（2010）は，生後 18 か月までの乳児の運動発達を言語獲得と関連づけて論じている．それによれば，子どもの運動能力の発達は，環境（他者とモノの双方を含む）との相互作用の機会を広げ，直接・間接的に言語獲得や他者とのコミュニケーション力の発達を促すとされる．例えば，繰り返し腕を振る，あるいは，叩くといった腕を使った周期的な運動の獲得は，視覚的・体性感覚的そして時に聴覚的経験となって，生後 6 か月頃から見られる (岩立・小椋（編）（2017: 39）) 喃語の反復を促すという．

また，遊びの中で，容器にビーズを入れる，コップを重ねるなどといったモノを使った様々な行為を行うことで，子どもは，そのモノに関する知識を獲得し，ものごとについて語る上で必要となる概念を形成する．加えて，発話以前にはモノを分解する行為がよく見られ，初語が出現する頃にはモノを重ねる行為が増加し，語彙の急増が見られる頃には，（ビーズであれば単にコップに入れられるだけでなく，繋ぐこともできる，というような）個々のモノの特性に合わせてモノどうしを組み立てるようになるという．このことからも，モノとのかかわりの進展がことばの発達に深く関わっていることがうかがえる．

さらに生後 9 か月頃から，子どもは，「認知的ジェスチャー」(recognitory gesture) ——おもちゃの電話の受話器を耳に当てて話す，など——を見せるようになる．このジェスチャーが使えるようになるということは，個々の物

体が一般にどのように用いられているかに関する知識を持っているということを意味する．生後 9 か月頃には三項関係が築かれる（2.3 節参照）ため，子どもの認知的ジェスチャーは，養育者とのコミュニケーションを促し，その指示対象を表す語（「電話」など）の獲得を促すことになる．加えて，はじめは，その行為の対象となるモノを使って行われていたジェスチャーも，ほどなく脱文脈化され，それ以外のモノをそれと見立てて——例えば，上述の電話の例では，スプーンを受話器に見立てて——同じジェスチャーを行うようになる．この脱文脈化の過程は，語の意味の脱文脈化にも関わるとされる．

　また移動能力の獲得に注目すると，例えば，はいはいの獲得——生後 5 〜 6 か月頃から見られる（杉原・河邉（編著）（2014: 17））——は，子どもがひとりで親のもとを離れてどこかに行くことを可能にし，「気を付けて！」「そっちいっちゃだめ！」などの親からの声がけを誘発する．加えて，ひとり歩きの獲得——生後 11 〜 12 か月頃から見られる（同上）——は，子どもに，共同注意の対象となるモノを養育者のもとに持っていくことを可能にし，養育者との積極的な三項関係の構築とそれに基づくコミュニケーションを可能にする．

　このように，運動能力の獲得は，事物や他者を含む環境との相互作用を多様化させる．かかわる対象が増え，かかわり方が多様化すれば，そこから得られるフィードバックも増加し，多様化する．このことが，言語音の発声能力の向上や世界からの意味の切り出しを可能にし，養育者とのジェスチャーでのコミュニケーションやことばでのコミュニケーションを可能にするというわけである．

## 4.2. "let's＋移動動詞" 表現の出現と広がり

　Iverson（2010）が発達の最初期，生後 18 か月までの乳児を対象に，言語獲得と運動発達の関係を論じていたのに対し，深田（2018）および Fukada（2018）は，運動能力の中でも移動能力に着目し，より長期的な視座からこの両者の関係を捉えようと試みている．いずれも具体的な調査対象は，子どもと養育者が用いた "let's ＋移動動詞" 表現（ただし，Fukada（2018）ではそのうちの "let's go（＋動詞）" のみ）であった．

　"let's ＋移動動詞" という表現形式は，それが let's を伴う勧誘表現である

116

以上，[15] 誘った本人がその動詞で表された行為ができる状態でなければならない．つまり，子どもがこの言語表現を用いるようになったということは，その子自身がその動詞で示された行為を実現できる段階となったということを示唆する．加えて，この言語表現が使われた場合には，基本的には，言われた相手も言った本人と共にその行為を行う必要がある．運動発達だけでなく社会性の発達にも関わる言語表現であり，友だちとのかかわりが増えてくる3歳以降も射程に入れて検討することができる．

　深田（2018）は，CHILDES（MacWhinney（2000））データベース内のEng-NA データ（2015年7月ダウンロード）を，また Fukada（2018）は，同じく CHILDES データベース内の NA データ（2017年7月13日ダウンロード）と UK データ（2017年12月14日ダウンロード）を主たる分析データとして，子どもと養育者が用いる "let's＋移動動詞" 表現の初出時期，出現頻度，および，その意味の広がり方を調査し，その結果を一般的な子どもの運動発達および社会性の発達と関連づけて考察している．[16] 表4は，杉原・河邉（編著）（2014），大阪保育研究所（編）（2011）をもとに筆者がまとめた子どもの運動発達と社会性の発達の過程である．

---

[15] 勧誘表現を含め，聞き手に何かさせて状況を変化させようとする言語表現は，"directives," すなわち「指示」のことばである（Cameron-Faulkner（2014））．

[16] CHILDES コーパスは随時アップデートされているため，ここではダウンロード時期も記載しておく．詳細なデータの分析方法に関しては，深田（2018）を参照．なお本節で取り上げた事例に関しては，2020年10月28日に再度 CHILDES データを確認した上で提示している．

| | 年齢 | | 運動能力の発達 | 社会性の発達 |
|---|---|---|---|---|
| 乳児期 | 0歳前半 | 反射的な運動の段階 | ・目と手の協応（生後 3 か月頃）<br>・手で握る，ひとりすわり（生後 4, 5 か月頃） | |
| | 0歳後半 | | ・はいはい（生後 5, 6 か月頃）<br>・つかまり立ち（生後 6 か月頃） | |
| | 1歳前半 | 初歩的な運動の段階 | ・歩行（ひとり歩き）の獲得（生後 11, 12 か月頃） | ・友だちへの関心の芽生え |
| | 1歳後半 | | ・はっきりとした目標を持ち，それに向かって行動するようになる | ・自我が芽生え，他者との共感・対立が始まる<br>・合図，要求のことばの出現 |
| 幼児期前半 | 2歳前半 | | ・走運動の発現<br>・相手の速さに自分を合わせていこうとする | ・自我の確立<br>・ことばで人間関係を形成しようとする |
| | 2歳後半 | | ・スピード調節ができるようになる | |
| | 3歳前半 | 基礎的な運動の段階<br>（生涯にわたる運動の基盤の形成） | ・スピード調整がかなり自由になる<br>・身体のバランスをとりながら移動することが上手になる | ・具体的な一人ひとりの他者との間に構築される多様な関係を通して自我が育つ |
| | 3歳後半 | | ・周囲の状況に合わせて回りを見ながら運動調整することが上手になる | |
| 幼児期後半 | 4歳前半 | ・運動コントロール能力の発達<br>・運動パターンのレパートリー（走る，跳ぶ，ぶら下がる，投げる，蹴る，など）の増加 | ・走る際の重心のかけ方が上手になる | ・ことばを使って他者との様々なギャップを埋めていく |
| | 4歳後半～6歳くらいまで | | ・これから起こることを予測して身体の動きを調整できる | ・「集団の中での自分」あるいは「集団に対する自分」を強く意識するようになる<br>・集団に合わせたり，集団を変えていったりするようになる |
| 児童期 | 7歳以降 | 個々の運動パターンの分化と特殊化 | ・運動体力（運動に必要な身体エネルギーを算出する能力，「筋力」「瞬発力」「持続力」）の急増 | |

表 4：子どもの運動能力と社会性の発達

　紙幅の都合上，詳細な議論は割愛するが，深田（2018）および Fukada (2018) の研究を通して明らかになった事実を事例と共に簡潔に示す．まず第一に明らかになったのは，"let's + 移動動詞" 表現で用いられる移動動詞が，子どもが獲得した，もしくは，子どもが獲得する運動に合わせて変化する，という点である．例えば母親は，はいはいやつかまり立ちができるようになったばかりの子どもには "let's go" や "let's come"（前者は生後 5 か月の，後者は生後 7 か月の子どもに対する母親の発話）を，はいはいが十分にできる時期（生後 10 か月）の子どもには "let's crawl" を，また，相手の速さに合わせて移動しようとする時期に差し掛かっている 1 歳 11 か月の子どもには "let's march" を用いていた．さらに，子どもの発した "let's + 移動

118

動詞"表現内の移動動詞の初出例に注目すると，"let's go" は 1 歳半頃から，また "let's tiptoe in" は相手の速さに合わせて動こうとする時期である 2 歳2 か月頃に，それぞれ出現し，さらに，"let's run" は走運動の獲得が見られる 2 歳 7 か月頃から，また "let's race" は友だちという集団を強く意識するようになる 4 歳 9 か月頃に，それぞれ見られた．

　第二に明らかになったのは，一般に let's は，話し手が聞き手と共に何かをしようとする際に用いる言語表現であるにもかかわらず，"let's＋移動動詞"表現では，これを含む次のような事例が見られたという点である．

A. 養育者の "let's＋移動動詞"
1. 自分が行おうとしている子どもに関する行為を子どもに伝える
2. 子どもの運動を促そうとする
3. 子どもに何かさせようとする

B. 子どもの "let's＋移動動詞"
1. 自分が行おうとしている行為を明示する
2. 他者（養育者もしくは友だち）と共に何かしようとする

　以下に，このそれぞれの事例を，子どもの年齢や状況とともに示す（以下のすべての事例において，下線は筆者によるもの，各事例の最後に括弧書きしているのは，その事例が検出されたコーパス名である）．

A. 養育者の "let's＋移動動詞" 表現

● A-1: 自分が行おうとしている子どもに関する行為を子どもに伝える

(4) ［生後 8 か月 30 日の子どもに向かって］
　　母親：you stink .
　　母親：ready get your diapie changed ?
　　母親：okay .
　　母親：come on !
　　母親：let's go get that diapie changed !　　　　　　　(Brent)

　生後 8 か月の子どもには，汚れた自分のおむつを自分で取り換えることはできない．それゆえおむつ交換自体は母親が行う行為となるが，子どもも

おむつを替えてもらう対象としてその行為に参画する必要がある．let's が
用いられているのはおそらくこのためである．おむつ交換という，交換する
母と交換される子がいて初めて可能となる行為——これは相互行為の一種と
言えよう——への子どもの参画を促しているという意味で，この let's は，
日本語の終助詞「ね」に近い機能を持っていると思われる．

● *A-2: 子どもの運動を促そうとする*

(5)　［生後 9 か月 17 日の子どもに向かって］[17]
　　　　母親：oh you wanna walk ?　　　　母親：come (h)ere !
　　　　母親：let's walk !　　　　　　　　母親：set it up !
　　　　母親：there you go .　　　　　　　母親：okay come to Mommy !
　　　　母親：there you .　　　　　　　　母親：come to Mommy !
　　　　母親：there you go .　　　　　　　　　　　　　　　　(Brent)

　生後 9 か月と言えば，まだひとり歩きには少し早い（表 4 参照）．データに
は音声情報しかないが，この場面およびその後のやりとりから，母親は，歩こ
うとしている子どものために歩行器（手押し車）を用意し，let's walk と言っ
て子どもの歩行を促しているとわかる．母親は，一緒に歩くのではなく，子
どもより少し先を行き，子どもが自分のもとに来るように声をかけている．

● *A-3: 子どもに何かさせようとする*

(6)　［4 歳 11 か月 7 日の子どもに向かって］
　　　　母親：well let's go get your teeth brushed and your face washed .
　　　　子ども：okey_dokey pokey .
　　　　母親：time to get ready to go to school in a few minutes .
　　　　子ども：and you'll hafta get dressed .
　　　　母親：mhm　　　　　　　　　　　　　　　　　　　　(HSLLD)

---

[17]　この例文は "oh you wanna walk ?" → "let's walk !" → "there you go ."... と読み進
めること．

120

子どもも 4 歳後半にもなれば，自分で歯を磨き，顔を洗うことができる．子どもの返答（okey_dokey pokey）やそれに続く母親の発話（time to get ready to go to school in a few minutes）から，歯を磨き，顔を洗うのは子ども自身であるとわかる（you'll hafta get dressed という子どもの発話からわかるように，母親には，着替えという母親自身がすべきことがある）．母親の "let's＋移動動詞" 表現は，共に何かを行うためではなく，子どもに早く学校に行く準備をさせるために用いられている．

B. 子どもの "let's＋移動動詞" 表現
● *B-1: 自分が行おうとしている行為を明示する*

(7) ［2 歳 5 か月 5 日の子どもがおもちゃの家で遊んでいる．母親はその様子を見ている］
　　子ども：（子ども，おもちゃの家の横を這って進みながら）let's go .
　　子ども：let's go .（子ども，おもちゃの家の前まで這って進む）
　　子ども：over .（子ども，ガレージから車を取り出す）
　　子ども：（子ども，母親を見て）side .
　　母親：mhm .（母親，頷く）　　　　　　　　　　（NewEngland）

子どもは 1 歳後半から合図のことばを用いるようになる（表 4 参照）．(7)では，let's go と言いながら子どもだけが移動する．この let's go は，子どもが，自分のやろうとしていることを明示するために，そしておそらく自分自身を鼓舞するために，起動相（inchoative）的な意味で用いられていると考えられる．

● *B-2: 他者（養育者もしくは友だち）と共に何かしようとする*

(8) ［4 歳 9 か月の子ども．歌い，ハミングしながら下記のように言って自由遊びに入る］
　　子ども：Patrick let's race .
　　子ども：let's run .

　　　子ども：I was the fast .　　　　　　　　　　　　　　　　　　(Hall)

　4 歳も後半ともなれば，これから起こることを予測して自分の身体のうごきを調整でき，集団の中での自分も意識できるようになる（表 4 参照）.[18]（8）の事例は，このような子どもの成長を反映した事例であると考えられる．B-2 タイプに属する他の事例から，少なくとも 3 歳半頃からこの種の発話が出現することがわかる．例えば，CHILDES 内の Kuczaj コーパスでは，3 歳 5 か月 23 日の子どもが両親に向かって，外へ行こう（let's go out and look for them および let's go outside）と誘う事例が見られる．運動能力も社会性も向上してくるこの時期だからこそ，他者を誘って他者と共に何かしようとする B-2 タイプの "let's + 移動動詞" 表現が出現し始めるということであろう．

　以上のように，子どもの運動発達と社会性の発達という観点から検討してみると，子どもと養育者が用いる "let's + 移動動詞" 表現は，他者に向かって「共に何かをしよう」と誘う（B-2）ためだけに用いられているのではないことがわかる．養育者が自分自身の行為を明示し，その行為への子どもの参画を期待して用いるタイプ（A-1）もあれば，子どもが自分自身の行為を明示し，自分を鼓舞するために用いているようなタイプ（B-1）もある．また，養育者が子どもだけに何かさせようとして用いる "let's + 移動動詞" 表現（A-2, A-3）もあり，その何かさせようとする力のタイプも，子どもの運動能力によって変化する（A-2 では励まし，A-3 では催促）．子どもの運動能力の発達に合わせて，養育者が子どもにかける "let's + 移動動詞" 表現の意味も，また子ども自身が用いる "let's + 移動動詞" 表現の意味も変化する，というわけである．

## 5.　友だちとのかかわり

　4 節までの議論からもわかるように，子どもの言語獲得・言語発達研究に

---

　[18] 大阪保育研究所（編）（2011）によれば，4 歳半という時期は「4 歳半のふし」と呼ばれ，発達の大きな節目の一つとして捉えられているということである．

おいては，子どもと養育者のインタラクションが研究対象となることが非常に多い．これは，養育者が，言語獲得の途中の段階にある子どもを庇護する立場にあり，両者が「育てる─育てられる」（鯨岡 (2006)）あるいは「教える─教えられる」(Tomasello (2019: 147-154) 参照) 関係にあるからである．[19]

しかし，この関係を通して，母語に特有の表現パターンを獲得し，その社会・文化に特有の外部世界の解釈の仕方とともに，その社会・文化の中で生きるのに必要なルールを身につけた子どもは，徐々に他の子どもともかかわるようになる（表4および Tomasello (2019) を参照）．加えて，現在，日本の乳児の3割，幼児のほぼ全員が，保育園や幼稚園など，何らかの集団保育・集団教育の場で育っている（秋田 (2016)）ことを考慮するならば，養育者である親や保育士，幼稚園教諭とのやりとりだけでなく，他の子どもとのやりとりも射程に入れて言語獲得や言語発達を考える必要がある．

もちろん保育や幼児教育の分野では，この種の子ども同士のやりとりにも注目した議論が展開されている（大阪保育研究所（編）(2011) 参照）．しかし，言語学的な観点からの詳細な議論や検討が加えられてきたわけではない．そこで本節では，この子ども同士のやりとりを，コミュニケーション能力の発達との関連で論じてみたい．

子どもは，3歳を過ぎると，友だちとのやりとりも増え，その中でけんかしたり譲ったりすることも増える（熊谷 (2006), Tomasello (1999, 2019) 参照）．子どもにとって友だちは，自分と同レベルの存在，すなわち，上述したような「育てる─育てられる」あるいは「教える─教えられる」関係にある養育者とは異なるタイプの存在である．子どもは，この同レベルの友だちとのやりとりを通して，互いに調整すること（協調性）を学び，その社会・文化の中で生きる「私たち」(we) として如何に振舞うべきかを考え，理解し，実践していくようになる(Tomasello (2019) も参照)．

ただし表4に示したように，ことばを使って他者とのギャップを埋めて

---

[19] 実際には，養育者が，子どもから教えられ（気づかされ），子どもに育てられることも多い．しかし，社会的な規範やその社会・文化で許容される言動に関しては，養育者が子どもに教えるのが常である (Tomasello (2019) 参照).

いくようになるのは4歳頃からで，それ以前は，からだを使ってのやりと
り（小突き合い，など）も多々見られる（大阪保育研究所（編）(2011) 参照）．
事実，筆者の観察データの中には，[20] 3歳4か月頃の子どもの様子として，
下記のような記述が見られる（名前はイニシャルに修正）．

　　公園で，H君［＝保育園の友だち］たちに会って一緒に遊んだり，
　別のお友達（年上）に会って一緒に遊んでもらったりしました。ただ，
　やっぱり，心配なことが。H君のことが好きすぎて，うでをぎゅうっ
　とつかむ（H君，痛がっていました）し，H君のものをとった小2の
　近所のお兄ちゃんには向かっていって叩く（お兄ちゃんは私［＝母親］
　がいたせいか，叩き返すことはしませんでした）し…翌日は，すべり
　台の上で，これまた近所のお兄ちゃん（5歳）をこづいてしまう（私
　が下でまっていたので，自分の番だ，どいてと言ったのにどいてくれ
　なかったから押したんだそうです。でも力があるからお兄ちゃんは
　ちょっとよろけてしまって，大泣き，大怒りし …) …

　しかしその根底には，友だちと同じ遊びを共有できて楽しいと感じる気持
ちがある（大阪保育研究所（編）(2011)）．その証拠に，上述の出来事からおよ
そ1か月後（3歳5か月頃）の連絡帳には「金曜は"Yちゃんと一緒"が嬉
しくてなかなか帰らない」という記述が見られる．
　友だちとのからだでのやりとりがことばでのやりとりへと移行するのは，
4歳頃からとされる（表4）．ゴールデンウィーク明けの4歳3か月頃の連絡
帳には，保育士からの連絡事項として「園でもお友だちと思い出話（？）の
ような会話で盛り上がっていました」という記述が見られ，またお正月明け
の5歳直前の連絡帳にも「始終テンションがハイでお喋りが止まらずとても
元気いっぱいな姿を見せてくれました」という記述が見られる．
　加えて深田（2020a）は，保育園児を対象とした身体表現活動セッション
の縦断データ（2歳児クラスの終わり頃から卒園までの全14セッション，

---

[20] 筆者の観察データとは，筆者の息子に関する，保育園の年少〜年長クラスまでの連絡
帳の記録である．

124

各セッションは 30 分程度) のうちの 2 つのデータ，セッション 3（子ども
たちが 3 歳児クラスに入って半年ほど経った頃）とセッション 5（3 歳児ク
ラスの終わり頃，すなわち，ほとんどの子どもたちが 4 歳になっている段
階）とを比較し，子ども同士のかかわりあいが少人数から集団へと展開して
いく様子を記述している．セッション 3 の前半では，2，3 人の子どもたち
による自発的なうごきやことばの共有が何度か観察されただけだったのに対
し，[21] セッション 3 の後半では，それが，クラスの大多数の子どもたちによ
る自発的なうごきやことばの共有へと発展し，半年後のセッション 5 では，
その出現回数が飛躍的に増加していた（セッション 3 では 2 回，セッション
5 では 9 回観察された）．

　以上のような筆者の観察データと身体表現活動セッションの事例から，少
なくとも 3 歳以降の子どもたちが，集団保育・集団教育の中で，身体（うご
き）からことばへと友だちとかかわる手段を変えていくこと，また，それを
通して子ども同士のつながり—Tomasello の用語を借りるならば "we"—も
広く深くなっていくこと，などが明らかになってきている．ある特定の社
会・文化に共有された外部世界の捉え方を反映するものとして 3 歳頃まで
に獲得されることばは，3 歳を過ぎた頃から自分の考えを他の子ども（たち）
と共有もしくは調整するために用いられるようになり，そのやりとりを通し
て子ども同士のつながりが形成されていく，というわけである．そしてその
頃から養育者は，徐々に，その社会・文化に共有された外部世界の捉え方や
社会的な規範，その社会・文化で許容される言動を子ども（たち）に「教え
る」存在から，子ども同士のやりとりを見守り，子どもたちが互いの思いを
うまく調整できなかった時には間に入って調整したり，気持ちの切り替えを
促したりする存在へと，その役割を変えていくことになる（深田（2020a）に
もその様子がうかがえる）．こうして子どもたちは「人」となり（Tomasello
(2019) も参照)，他者とともに社会・文化を継承し，必要に応じてそれを改

---

[21] ここでの「自発的」とは，「身体表現活動セッションの指導者の指示を受けて，ではな
く」という意味である．また，セッション 3 の前半では，一貫して同じ子どもたちが自発
的なうごきやことばの共有を見せたわけではなく，こちらで見られればあちらでも見られ，
場面が変わればまた別の共有が見られ，というような感じであった．

定していく.

## 6.　おわりに

　本章では,様々な先行研究を紹介しながら,ことばがどのようにして獲得され,成長に伴って進展していくのか,またそこには,他者や事物を含む環境とのどのようなインタラクションがあるのかを,子どもの認知能力や社会性,運動能力の発達とも関連付けて考察してきた.表5（次ページ）は,言語を含む発達の大きな流れである.

　第1節でも述べたように,言語発達には多種多様な要因が関与している.そのため,この種の要因間の相互関係も含めて,個人差や文化差もあると考えられる言語発達の全貌を余すことなく解明するのは非常に難しい.しかし,言語を含む子どもの発達に関しては,これまでにも多くの研究がなされ,また近年では,科学技術の発展によって様々なデータを採取・分析できるようになっている.今後は,子どもと養育者のやりとりだけでなく,その個人差や文化差,時代による変化はもちろんのこと,子ども同士のやりとりや集団保育・集団教育にも目を向け,認知や社会性の発達とともに運動能力の発達にも注目しながら,分析を積み重ねていくことが期待される.これに加えて,言語獲得,言語発達に関わる様々な知見を俯瞰的な視座から相互に関連づけていく試みも必要である.これらを通してはじめて,子どもの言語獲得・言語発達の詳細が明らかになるとともに,人が「人」であるとはどういうことかの一端も見えてくると思われる.

126

| 発達期 | 年齢 | かかわり | 言語（言語的音声） | 運動能力 | | 社会性 |
|---|---|---|---|---|---|---|
| 乳児期 | 0歳 | 養育者との二項関係　モノとの二項関係　自分と養育者とモノの三項関係 | 喃語 | 反射的運動 | はいはい　つかまり立ち | |
| 幼児期前半 | 1歳 | | 1語文　輻語構文の出現 | 初歩的な運動 | 歩行（ひとり歩き）　走運動　スピード調整 | 自我の芽生え、友だちへの関心の芽生え、他者との共感・対立 |
| | 2歳 | | 動詞の島構文の獲得 | | スピード調整 | 自我の確立　ことばで人間関係形成 |
| | 3歳 | | 抽象的な構文や各言語に特有の表現パターンの獲得 | | スピード調整、身体のバランスのとり方の向上、周りを見ながらの運動調整 | 具体的な一人ひとりの他者との間に多様な関係を構築 |
| | 4歳 | | | 基礎的な運動　生涯にわたる運動の基盤の形成 | | ことばを使って他者との様々なギャップを埋めていく |
| 幼児期後半 | | | | | これから起こることを予測しての身体の動きの調整 | 「集団の中での自分」あるいは「集団に対する自分」への意識（集団に合わせたり、集団を変えていったりする） |
| 児童期 | 7歳以降 | | | 運動パターンの分化と特殊化 | 運動体力（「筋力」「瞬発力」「持続力」）の急増 | |

表5：言語を含む発達の大きな流れ

第6章

# 意味論・語用論と選択体系機能言語学のインターフェイス

佐々木　真（愛知学院大学）

## 1. はじめに

　選択体系機能言語学（Systemic Functional Linguistics, 以後，適宜 SFL と略す）は本書で扱われる他の言語学領域と比べるとあまり馴染みがないかもしれない．しかし，語用論における関連性理論が認知言語学と接点を密にし，あるいは発話行為が言語哲学との接点を密にするとすれば，SFL ほど語用論と密接なインターフェイスを保有している領域はないのではないだろうか．それはこの二つの分野が，現実の言語使用をコンテクストや社会的な枠組みの中で考察し，その実態を明らかにしようとするからである．Yule (1996: 3) では，語用論とは，「話者の意味」，「コンテクストでの意味」，「言外の意味」，「距離感がもたらす表現」を研究するものだと定義されているが，SFL はこのような側面を社会における言語機能という観点で網羅する．Levinson (1983) や Huang (2014) の言うヨーロッパ流の語用論は特に SFL と親和性が高く，Chapman (2011: 181) では，談話分析の項目で Halliday (1985) や Halliday and Hassan (1976) の cohesion や教育への応用性について記載されている．

　SFL は言語を「社会的記号」として捉え（Halliday (1978)），社会の中で言語が果たす役割を考察する．具体的には，民族や世代，職業といった種々の社会的集団とそこにおける言語の機能，場面状況や目的に応じた言語の諸機

能，言語構造と機能を結びつける語彙文法や音韻，非言語記号と言語の融合から生まれる言語機能，子供が社会の中での習得する言語機能，さらには医療的な環境における言語の役割，脳科学との連携など，おおよそ言語と社会，壮大な表現をすれば言語と人間を取り巻くテーマを包括的に扱い (Thompson et al. (2019))，その壮大なスコープは人類の進化と言語の関係にも及ぶ (Halliday and Matthiessen (2014: 33))．ここで言う言語機能とは「言語が作り出し，また解釈を可能とする意味」と読み替えることもできるだろう．

　SFL も語用論と同様に文の表層的な意味を考える意味論にとどまらず，コンテクストとの連動によって言語の意味や機能を考察する．SFL では意味は解釈されるものであり，同時に作り上げられるものであることから「解釈構築 (construe)」[1] という語を使い，社会の中で解釈構築される意味を扱う．解釈構築する資源として働くのはコンテクストであるが，それも広く文化のコンテクスト (context of culture)，その場の状況のコンテクスト (context of situation) を考慮する．また解釈構築の資源となっているのは語彙文法[2] であり，SFL では文法を研究範疇として，文法内の言語資源の中から適切な言語要素を選択するシステムを体系網という形で記述しようとして，形式と意味の関係を明らかにしようとする．そこには発話行為（オースティン (2019)，Searle (1975)），ダイクシスや照応といった語用論のテーマが重なる (Halliday and Hasan (1976))．語用論は言語使用者を対象とし，社会言語学は社会全体の中の言語使用に焦点を当てるものとしているが (Chapman

---

[1] 選択体系機能言語学においては，個人の経験や世界観，あるいは社会全体で共有されている価値観や経験感が言語によって意味化されると考える．この「意味化」とはすなわち「意味として作り上げられるもの」であり，「意味として解釈される」ものである．英語ではこれは construe という表現で表され，日本語では「解釈構築する」という表現となる（ハリデー (2001)）．本稿でも以降「解釈構築」という用語を適宜使用する．
[2] 選択体系機能言語学で語彙文法 (lexicogrammar) という用語を使うのは語彙とそれを組み合わせる文法が意味を構築する上で密接であるからというだけでない．文法は節の構成だけではなくて，その構成素たる句の中にも働き，さらには句を構成する語彙にも文法が働いて選択を左右する体系をなすと考える．このような細かさのレベルを SFL では「細密度 (delicacy)」と呼ぶが，Halliday (1961:267) は語彙の体系が 'most delicate grammar' であると述べる一方で，山口 (2000: 16) は語彙と文法は同じ抽象的次元にある選択体系網をなし，語彙は文法全体の細密度の高い選択に関わるとしている．

(2011: 183)), SFL はその両方を視野に入れるものである．本章では，SFL に馴染みのない読者にこの理論の概要を解説し，語用論との関係について論じていく．

## 2. 選択体系機能言語学 (SFL) の概略

### 2.1. 選択体系機能言語学という名称の意味

　選択体系機能言語学は英語の Systemic Functional Linguistics の訳語であるが，この日本語訳[3]にはこの理論の概念が明解に示されている．すなわち，言語表現を行うには，その目的や場面での最適な意味を表す表現形式を選択しなければならない．例えば相手に感謝していることを表現する際には，「ありがとう」と言うのか，「心から御礼申し上げます」と言うのか，様々な感謝を示す表現の選択肢から選ぶ．そして，その選択肢には「何をしているのか」，「相手の役割は何か」，「伝える媒体は何か」，「言語の役割は何か」によって使い分けられるという一種の約束事があり，また，ある表現を使ったら，次はこの表現という，表現同士の繋がり，すなわちネットワークがある (Halliday and Hasan (1989: 4))．そのネットワークの体系は「体系網」と呼ばれる．「選択体系」とはこの選択肢とその仕組みである体系網を指す．

　語用論も SFL も言語の機能を探るが，それは，言語表現の果たす役割，すなわち「意味」と捉えることができる．したがって，選択体系機能言語学とは，言語の意味がどのように解釈構築され，そこにはどのような意味や形式の選択肢とその体系網があり，その言語を使う社会とどのように関連しているかを探る分野であると考えることができる．

### 2.2. コンテクストから表現へ

　選択体系機能言語学 (SFL) は M. A. K. Halliday を始祖とする言語理論であるが，Levinson (1983: xii) が "proto-pragmatics" と呼ぶ Malinowsky

---

[3] 山口登・筧壽雄（ハリデー (2001: xiv)）による．

130

や Firth, さらに言えば, Saussure にまでもその源流を遡ることができる (Halliday and Hasan (1989)). また Hjemslev の言理学[4] やプラーグ学派の理論からも影響を受けている (ハリデー (2001: li)). SFL では, コンテクストがあり, そこからコミュニケーションの目的に沿った言語表現の機能 (semantics), そしてその意味を具現化するための語彙文法 (lexicogrammar) によって語彙や節構成が整えられ, それが実際の音韻 (phonology) を通じて表出の音 (phonetics) として表現され, それらが一連の層を成していると考える. それを示したものが図1である.

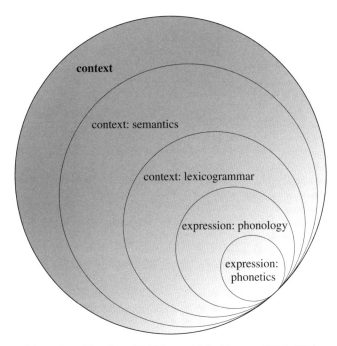

図 1：Stratification (Halliday and Matthiessen (2014: 26))

図1には矢印は示されていないが, それぞれの円の関係はコンテクストから表現が生まれるという方向 (構築) と, 逆に表現からコンテクストが再現

---

[4] 言理学については町田 (2015) がわかりやすく解説している.

できるという逆の方向性（解釈）があることを付け加えておく．

　コンテクストによって様々な表現の可能性，すなわち「蓋然性（probabili-ty）」が決まる．例えば，コンビニでの買い物で客が弁当を買う場面なら，「いらっしゃいませ．温めますか？」と店員が問い，客が「そのままで」，「いらない」の返答でもよければ，無言で手を振っても良い．店員は次に値段を言い，「ありがとうございました」と挨拶をする．すなわち，社会の中である特定のコンテクストの中ではやり取りする内容の範囲があり，それに適合する言語表現の蓋然性が高まり，反対に蓋然性の高いものを使う頻度が上がることでその蓋然性がさらに高くなって，結果的にはコンビニでのやり取りのように半ば自動化されていく（山口（2000））．それゆえに，言語表現から，コンテクストを予測したり，推理したりすることができるのである．

　また，もし蓋然性に反するものが使われれば，特別な意味，すなわち「含意（implicature）」を生むことになる．例えば，仮にコンビニで，「本日もご愛顧をいただき，誠にありがとうございます．お買い求めいただきましたお弁当でございますが，電子レンジで温めることも可能でございますが，いかがいたしましょうか」という発話があった場合，この蓋然性に適合せず，「この店員さん，ちょっと変わってるんじゃないの？」とか，「からわれているのか？」いう含意が生まれる可能性がある．

　Grice（1975）の「協調の原理（cooperative principles）」に示された抽象的な概念を社会の中でのやり取りという現実的なコンテクストに落とし込んでいくと，コンテクストと表現の関連性が浮き彫りになり，「適切性の条件（felicity conditions）」（Huang（2014: 123））の示す適切性とは，コンテクストによってどのようなことなのかを明示することができる．SFL では単に表現形式について着目するのではなく，コンテクストの中でどのような形式を使って（選択），意味（機能）を解釈構築するのか，そしてそこにはどのようなシステム（体系）が働くのかを様々な角度や尺度で見ながら，包括的に我々がどのように言語を使って意味を伝えるか，すなわち「意味化」しているのかを中心課題とする．

## 2.3. コンテクスト

### 2.3.1. 2つのコンテクスト

　選択体系機能言語学と語用論の大きな接点の1つがコンテクストと言えるだろう．どちらもコンテクストの中での言語機能，意味を考察するところでは重なる．語用論では社会的な状況，時空間的な状況，心理的な状況，言語的状況が混在したものとして捉えたり (Huang (2014: 16),[5] Levinson (1983: x),[6] Chapman (2011: 10)),[7] あるいは包括的な抽象概念として捉えたりする (Mey (2001: 39),[8] 今井 (2015: 52)).[9] しかし，Halliday が "… in real life, contexts precede text."「現実ではコンテクストがあってテクストがある（筆者訳）」(Halliday and Hasan (1989: 9)) と述べているように，SFL ではコンテクストについて単に言語表現の意味を解釈する手立てと考えるのではなく，コンテクストが言語表現の解釈構築の根幹をなし，マクロ的な文化のコンテクストの中にいる話者が現実的な状況のコンテクストの中で言語表現を解釈構築すると考える．図1では，最も外の枠が context と書いてあるが，これをもう一段階詳細にすれば，図2のようになる．

---

[5] Physical context, linguistic context, general-knowledge context

[6] "Context in this book includes only some of the basic parameters of the context of utterance, including participants' identity, role and location, assumptions about what participants know or take for granted, the place of an utterance within a sequence of turns at talking, and so on. We know in fact that there are a number of additional contextual parameters that are systematically related to linguistic organization, particularly principles of social interaction of various sorts of both a cultural-specific and universal kind." (Levinson (1983: x))

[7] "Context is generally of course a much more complex thing than can be summed up in a single statement or accounted for by a single question. Conceivably, any fact about a person's previous life, experience, character, and so on, might be relevant to explaining what they say and what they mean by it." (Chapman (2011: 10))

[8] "Context is a *dynamic,* not a static concept: it is to be understood as the continually changing surroundings, in the widest sense, that enable the participants in the communication process to interact, and in which the linguistic expressions of their interaction become intelligible." (Mey (2001: 39))

[9] 「発話の解釈する時点で聞き手が想起でき、推論の前提とすることのできる想定。」(今井 (2015: 52))

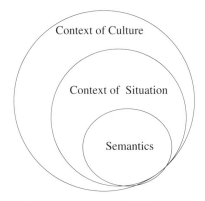

図 2：文化のコンテクストと状況のコンテクスト

図 2 では，コンテクストを大きな枠組みとしての「文化のコンテクスト（context of culture）」と，実際の言語使用に関連する「状況のコンテクスト（context of situation）」の二層として捉えていることが分かる．

## 2.3.2.　文化のコンテクスト

　文化のコンテクストでは社会的な枠組みや約束事，あるいは言語表現の約束事などが規定され，そこには様々な目的のコミュニケーションとそれに応じた表現構成のパターンがある．このようなコミュニケーションの種類を SFL では「ジャンル」という．ジャンルには買い物，物語，講演など，なんらかの目的があり，遂行する段階がある．例えば買い物なら目的は物品の売買であり，その遂行段階は，「挨拶 → 商品に対する要求 → その応答 …」[10] となる．この段階構成を「ジャンル構造」という．

　ジャンルは社会的に認知されている鋳型ともいうべきものだが，それは現実の状況として具現される．買い物でも場所や購入する物品によって状況が異なる．言語表現が使用されるそのような実際の状況が状況のコンテクスト（context of situation）である．

---

[10] 買い物のジャンル構造については Halliday and Hasan（1989: 64）を参照されたい．

### 2.3.3. 状況のコンテクスト

　買い物というジャンルであっても，コンビニや駅の売店なのか，デパート
なのかによって，語彙，文法形式も異なる．コンビニでの買い物ならやり取
りする情報は，現金か電子マネーか，買い物袋は持っているかどうかの情報
交換程度であるが，デパートなら商品のサイズ，色，在庫の有無など，店員
と客が交換する情報量は多くなる．そのために自然と，最適な意味や形式の
選択肢が異なる．SFL では，このような差異を「言語使用域（register）」と
いう概念で説明する．言語使用域は様々な状況のコンテクストに応じて典型
的に具現される意味や形式（一種のテクストタイプ）のことであり，語彙や
文法形式についても言及する（Halliday and Hasan (1989: 38–39)）．

　状況のコンテクストは場所や話者の人間関係など，漠然と列挙できるが，
SFL では状況のコンテクストを，「活動領域（field）」，「役割関係（tenor）」，
「伝達様式（mode）」の 3 つの構成素に分類して考える．活動領域では場所
や時間，何が起きているかという事態を指す．朝のコンビニや駅の売店なの
か，休日の昼間のデパートなのか，物品の売買は同じだがその場面の頻度も
異なれば，時間的余裕や物品の金額も異なる．Eggins (2004) は活動領域に
ついて図 3 のように示し，活動領域を日常的なものか，専門的・特定のも
のかを両極においた連続体で示して，活動領域がこの線上のどこに当てはま
るかによって言語使用域が変わるとする．

図 3：The field continuum（Eggins (2004: 107)）

　役割関係は話者同士の人間関係を指し，特にその社会的な役割を考慮す
る．Cutting (2002: 52–53) では，性差や年齢，社会的地位の力関係などを
社会的コンテクスト（social context）としている．しかし，性差や年齢は変
わらないものの，社会的地位の力関係は状況次第で変化する．例えば，「釣

りバカ日誌」[11] という漫画の主人公のハマちゃんとスーさんの関係は会社では一般社員と社長だが，釣りという場面になれば，釣りの師匠と弟子のように立場が逆転する．あるいは大学の同僚でも，学部長と一般教員として会議に臨む時は力関係が発生するが，一緒にプライベートの食事をするときには同等になる可能性がある．Eggins（2004）は対人的な役割関係を力関係（power），接触頻度（contact），感情的な距離感（affective involvement）の連続体として示し（図 4 から図 6），これらの線上の話者同士の関係が当てはまるかによって言語表現が異なると示している．時空間によって下記の連続体上の位置関係が変化し，それと連動して言語の意味や形式が変化する．

**POWER**

equal ⟷ unequal

図 4：The power continuum（Eggins（2004: 100））

**CONTACT**

frequent ⟷ occasional

図 5：The contact continuum（Eggins（2004: 100））

**AFFECTIVE INVOLVEMENT**

high ⟷ low

図 6：The affective involvement continuum（Eggins（2004: 100））

　伝達様式では言語の役割が主要なのか補助的なのか，会話のように同時にテクストを作り上げていくのか，文書のように既に出来上がっているものかというプロセスの違い，話されたものか書かれたものかという媒体の区別を考える（Halliday and Hasan（1989: 57-59））．例えば，コンビニでの買い物なら客と店員との対話は必ずしも必要ではなく，言語は補助的なものである．だが，デパートでの買い物なら店員との物品に関する情報交換が必要であり，言語が主要な役割である場面が増える．Eggins（2004: 91）はこれらをまとめる形として行為としての言語か，内省としての言語かという尺度で連続体と例を示している（図 7）．

---

[11] 『釣りバカ日誌』作・やまさき十三，画・北見けんいち，小学館.

136

| playing a game<br>e.g. bridge | commentating<br>e.g. calling a match | recounting experience<br>e.g. report in the<br>newspaper | constructing<br>experience<br>e.g. (non-)fiction |

⟵————————————————————————————————⟶

language accompanying                      language constituting
social process                                   social process
language as ACTION                    language as REFLECTION

図7：The experiential distance continuum (based on Martin (1984: 27),
(Eggins (2004: 91))

　伝達様式については画像や映像との関連性も研究されている．この分野は「マルチモダリティー (multimodality)」と呼ばれ，新聞や絵本，広告などの分析が行われている (O'Halloran (2004), Bateman (2008), Kress (2010)).

　状況のコンテクストと言語使用域を見てみると，語用論での概念と重なるところが多々ある．例えば，図7の連続体はオースティン（2019）のいう遂行体と確認体の区別と重なり，言語の果たす役割がどのようなものかを示す．また Grice の cooperative principles (Grice (1975)), 新グライス派の Horn の Q-principles や R-principles (Huang (2014: 45)), Levinson の Q-principle (Huang (2014: 50)) で示される適切性は抽象的概念だが，SFL の枠組みで考えれば，現実的な言語使用においてその適切性が文化のコンテクストや状況のコンテクストによって変化することがわかる．

　例えば，会話の含意 (conversational implicature) は cooperative principles を破るときに現れるが，次の表現を考えてみよう．

　(1)　No worries mate. She'll be all right.[12]

この表現はオーストラリア英語の表現として使われ，オーストラリア（文化のコンテクスト）でオートラリア人の話者同士（状況のコンテクスト）であれば人を励ます表現として特別な含意は生まれない．She が it の価値を持つということも，オーストラリアという文化のコンテクストとオーストラリア人同士であれば日常で使われるテクストタイプとしての言語使用域からわ

---

[12] Mcquarie University の David Butt 博士から教えていただいた.

かる．ところが，日本文化という異なる文化のコンテクストや状況のコンテクストで育った人がこの表現を唐突に聞いた時には，she の解釈において，誰のことか，特定のどの人のことを指すのかという含意を想起させ，結果的に誤解という結果を招く可能性がある．

　さらに mate は [mait] と発音され，その音韻から mate と right が韻を踏んでいることもわかる．そして，ここには社会言語学の「地域的標準変種 (regional standard variety)」(Trudgill (2001)) の概念が重なってくる．現実の言語使用を分析するのなら，上記の諸要因を念頭に置くと，会話の含意や発話媒介行為も成立の可否が変化すると言えるだろう．

　このように SFL が示す状況のコンテクストの三要素や，言語使用域の概念は，コンテクストに明示的で共通した尺度と視点を提供する．ともすれば恣意的になってしまうこともある語用論でのコンテクストの解釈について，SFL での概念を援用することによって，1 つの共通した尺度を提供することができる．その結果，例えば同一の表現でも会話の含意を発生させる場合とさせない場合の比較分析をする際に大きな参考となるのではないだろうか．

## 2.4.　意味論 (semantics)

### 2.4.1.　テクスト

　文化のコンテクスト，状況のコンテクストといった状況の中，現実の言語表現が具現され，[13] 言語機能を果たしていく．SFL で「意味論」という時には，構造意味論や語彙意味論にとどまらず語用論と同様にコンテクストや言語使用域の中から生まれる意味を考える．

　語用論では発話を意味の単位として考えるが (Chapman (2011: 20))，SFL ではその対象を「テクスト (text)」として捉える．談話 (discourse) とテクスト (text) は混同して同意のように使用されるケースもあるが (Paltridge

---

[13] SFL では「具現する (realise)・具現化 (realization)」という用語を用いるが，コンテクストの要素や語彙，文法形式，音韻に至るまで様々な選択肢が潜在的にあり，現実にはそこから選択した結果が表出するということを意味する．

(2012: 243-245)），SFL では文を超えた単位というサイズの問題や口語や文語という媒体の違いとしてではなく，意味構造の基本的単位 (the basic unit of semantic structure) として捉える (Halliday (1978: 60))．したがって，"Help!" だけでもテクストになるし，本の一章すべてもテクストとして捉えることができる．大切なことはどのような意味，すなわち機能を見出すかによってテクストの単位は変化するということである．

　また一連のテクストはその中にさらに意味のまとまりを伴う．例えば談話分析でいう move (Cutting (2002: 25)) に相当するものや，2.3.2 節で述べたジャンル構造のような機能の流れや構成がある．SFL ではテクスト内の構成と，テクスト全体がどのような目的や意味を担うのかを意味論の範疇で考える．

## 2.4.2. 発話行為と発話機能

　意味論の範疇における意味，すなわち SFL の functional であるが，これは語用論と大きく重なるところである．語用論ではオースティン (2019) の「発話行為 (locutionary act)」，「発話内行為 (illocutionary act)」，「発話媒介行為 (perlocutionary act)」によって行為を分けているが，発話内行為は依頼や命令といった話者側から見た機能であり，発話媒介行為は発話の結果聞き手が批判や皮肉のように解釈する機能であると考えられる．SFL では解釈構築という用語を使うように話者側の機能と聴者側の機能は双方向的な関係にあると考える．この方向性は社会のコンテクストや状況のコンテクスト，言語使用域，さらには後述する語彙文法によってある程度の選択の可能性が限られるためにお互いの意思疎通ができるのであるが，時には選択にずれが生じる．それが誤解となって表出すると考えられる．

　ハリデー (2001: 103) は，品物・行為と情報のやりとりを比較して，発話機能とその応答を図示している．発話行為として現れる依頼は命令の一部，皮肉や批判は陳述の一部と考えれば，発話行為によって表される概念はこの表によって包括的にとらえることが可能と言えるだろう．

表1：発話機能と応答 (ハリデー (2001: 103))

| | | 開始 | 期待される応答 | 自由裁量による別の応答 |
|---|---|---|---|---|
| 与える | 品物／行為 | 提供 | 受容 | 拒絶 |
| 要求する | 〃 | 命令 | 遂行 | 拒絶 |
| 与える | 情報 | 陳述 | 承認 | 否認 |
| 要求する | 〃 | 質問 | 答え | 忌避 |

## 2.5.　語彙文法 (lexicogrammar)

### 2.5.1.　メタ機能 (metafunctions)

　発話機能は言語表現の機能を示すが，さらにその機能を支える形式についても考えなくてはならない．テクストはコンテクストや言語使用域の状況から意味を作り出す表現形式として具現される．その形式の構成パターンがここでいう語彙文法である．英語の場合，語彙文法の基本単位が「節」として表出[14] される．

　SFL では言語の機能は大きく3つの要素から成立すると考える．その要素を「機能の機能」，すなわち「メタ機能 (metafunctions)」と呼ぶ (Halliday and Hasan (1989: 44-45))．メタ機能は簡単に「意味の意味」だと考えるとわかりやすい．すなわち言語表現の「意味」として捉えるものは，3つの種類の意味から成立しているということである．この3つのメタ機能はそれぞれ，「観念構成的メタ機能 (ideational metafunction)」，「対人的メタ機能 (interpersonal metafunction)」，「テクスト形成的メタ機能 (textual metafunction)」であり，この3つの機能は同時に，節内で働くことになる．以降，それぞれのメタ機能についてみていく．

---

[14] SFL では「文」という用語は書かれたものの単位として扱う．口語，文語でも共通して適用できる命題の単位として「節 (clause)」がテクスト内の単位として扱われる．ただし，これは英語の場合であり，他の言語，例えば日本語では節を分析単位とする立場 (Teruya (2007)) と節の上に「コミュニカティブユニット (CU)」を設定する立場 (龍城 (2004)) がある．本稿では選択体系機能言語学の理論的・記述的基礎となっている英語を使って論を進めることとし，日本語の記述単位の議論は別の機会にあらためたい．

140

## 2.5.1.1.　観念構成的メタ機能

　言語表現の意味を考えるとき，一番根幹を成すのは，文言の通りに語句の意味解釈であろう．（2）を見てみよう．

(2)　The duke gave my aunt this teapot.[15]
　　　公爵はおばにこのティーポットを与えた．　　　（ハリデー（2001: 41））

ここには情報を提供する陳述としての機能があるが，さらに具体的に見てみると，主語の the duke が my aunt に this teapot を与えるという行為を過去に行った出来事を伝えている．人間の内的・外的経験は語彙や語句で構成される「参与要素（participant）」と呼ばれる要素とそれを結合させる文法によって意味化され，（2）は「公爵はおばにこのティーポットを与えた」と解釈される．このような言語表現の働きを「観念構成的メタ機能」と呼ぶ．図8では形式上の主語，動詞，目的語という分析ではなく，解釈構築される意味を具現化した「行為者（Actor）」，「過程中核部（Process）」，「受益者（Receiver）」，「対象（Goal）」と分析されている．動詞の意味と形式が核となって他の参与要素の種類や構成が決められるので，この部分を過程中核部と呼び，そこで用いられる述語動詞の種類が英語では6種類に分類される．これについては 2.5.2 節の「過程構成（transitivity）」で後述する．

| The duke | gave | my aunt | this teapot. |
|---|---|---|---|
| 行為者 | 過程中核部 | 受益者 | 対象 |

図8：観念構成的メタ機能

　観念構成的メタ機能では節内の論理的な意味に変化はないので，例えば図9のように受動態になっても機能上の変化はないが，これは能動態と受動態の節が同じ意味であるということではなく，別の機能的な側面では意味が異なる（2.5.1.3 節を参照のこと）．

---

[15] ハリデー（2001: 41）では話し言葉，書き言葉の両方を想起して，全て小文字で表記されているが，本稿では誤解をまねかないよう，通例の文表記とした．

| My aunt | was given | this teapot | by the duke. |
|---|---|---|---|
| 受益者 | 過程中核部 | 対象 | 行為者 |

図9：受動態の場合

　観念構成的メタ機能は参与要素にどのような語彙を使うか，どのような論理関係を作り上げるかということと密接に関係する．「何がどうなる」を示すため，状況のコンテクストの活動領域の範疇がここに具現する（Halliday and Hasan（1989: 26））．

### 2.5.1.2.　対人的メタ機能

　対人的メタ機能とは，情報をやり取りする話者同士の機能を指す．表1にあるように情報を与える「陳述」なのか，情報を求める「質問」なのか，あるいは，行為を求める「命令」や「提言」かが焦点となる．この機能は英語の場合，「主語（subject）」と「定性（finite）」と呼ばれる助動詞の部分の語順，さらに否定辞の not の有無によって示される．この機能は主語と定性から成る「叙法部」によって具現化され，そこが焦点化されるため，他の要素が「残余部」と表示される．すなわち「主語＾定性」[16] なら陳述，「定性＾主語」なら「質問」となる．図10では陳述，図11では質問を示す．図10では gave が定性と述語動詞を組み合わせたもの（did + give）として捉えられ，定性の did が隠れているが，図11のように質問になるとこれが顕在化する．

| The duke | gave | | my aunt | this teapot. |
|---|---|---|---|---|
| 主語 | 定性 | 述語 | 補語 | 補語 |
| 叙法部 | 残余部 | | | |

図10：対人的メタ機能（陳述）

---

[16] SFL では，語順を示すとき「＾」を使う．

142

| Did | the duke | give | my aunt | this teapot? |
|---|---|---|---|---|
| 定性 | 主語 | 述語 | 補語 | 補語 |
| 叙法部 | | 残余部 | | |

図11：対人的メタ機能（質問）

　助動詞ではなく，「定性」という語を用いるのは，これが肯・否定という極性や，時制を「定める」からである．また定性は節の独立性を示す足場を固める機能があり，定性のない不定詞句や分詞句は時制や主たる命題を他の節に依存することを示す．

　対人的メタ機能では possibly のように話者の判断や命題に対する表現も関与する．これを「モーダル付加詞（modal adjunct）」[17]といい，図12のように分析される．

| The duke | has | possibly | given | my aunt | this teapot. |
|---|---|---|---|---|---|
| 主語 | 定性 | モーダル付加詞 | 述語 | 補語 | 補語 |
| 叙法部 | | | 残余部 | | |

図12：モーダル付加詞がついた場合

叙法部における主語と定性の語順，叙法の時制やモーダル付加詞の操作によって，敬意表現が生まれ話者同士の地位といった対人関係が示されることがある．すなわち，対人関係的メタ機能では状況のコンテクストの役割関係が具現される（Halliday and Hasan (1989: 26)）．

　英語の敬意表現は定性の時制やモーダル付加詞の利用によって示されるため，ここには語用論の中の politeness の概念（Mey (2001: 79-80)），FTA (Face Threatening Act)（Chapman (2011: 136)）の概念が重なることになる．また，SFL ではこの機能と関連して，叙法部だけではなく残余部に使われる語句から話者の意図や主観，さらに文化的な価値観が埋め込まれているとする appraisal 理論によってテクスト分析が進められている（Martin and White (2005)）．

---

[17] モーダル付加詞は肯否極性，モダリティーを示す「叙法付加詞（mood adjunct）」と命題に対する話者の心的姿勢を示す「コメント付加詞（comment adjunct）」に分けられる．

### 2.5.1.3. テクスト形成的メタ機能

　言語表現をする時，何について情報を提示するかによってその形式は変わる．テクスト形成的メタ機能とは，この「何について情報を作り上げていくか」ということに関係する．SFL ではこのメタ機能については「何について」情報を提示していくのか，というメッセージの起点となるものを「主題(theme)」，そしてそれについての展開を「題述 (rheme)」[18] という．(2) をこの機能から分析すると図 13 のようになる．

| The duke | gave | my aunt | this teapot. |
|---|---|---|---|
| 主題 | 題述 | | |

図 13：テクスト形成的メタ機能分析

　英語では主語が主題として働くことが多い．しかし，時には目的語を強調する場合があり，主題として取り立てられることがある (図 14)．

| This teapot | the duke | gave | my aunt. |
|---|---|---|---|
| 主題 | 題述 | | |

図 14：目的語が主題として働く場合

SFL では，典型的に使われる形式を「無標 (unmarked)」，そうでない特徴的なものについては「有標 (marked)」という．図 13 は無標，図 14 は有標である．有標の形は (3) のように顕在化させるための表現方法もある．

　(3)　It is this teapot that the duke gave my aunt.

　英語では無標の主題として現れるのは行為者であり，観念構成的メタ機能では「状況要素 (circumstantial element)」と呼ばれる時空間の情報が主題とされる場合は有標である．したがって，(4) は無標だが，(5) は有標となる．[19]

---

[18] この用語はプラーグ学派の影響を受けている（ハリデー (2001: 53-54)）．
[19] 日本人学生に英文を書かせると (5) のような表現を書くものが多い．これは日本語と英語の文法的な無標性の相違によるものである．

    (4)   I went to Nagoya yesterday.

    (5)   Yesterday I went to Nagoya.

また 2.5.1.1 節で説明したように，観念構成的メタ機能では能動態と受動態の論理的な意味は変化しない．しかしテクスト構成的メタ機能の観点からは「何について」という視点において意味が異なり，それが主題の違いとして具現化される（図 15 と図 16）．

| The duke | gave | | my aunt | this teapot. |
|----------|------|--|---------|--------------|
| 主題 | 題述 | | | |

図 15：能動態の主題

| My aunt | was given | this teapot | by the duke. |
|---------|-----------|-------------|--------------|
| 主題 | 題述 | | |

図 16：受動態の主題

テクスト形成的メタ機能は複数の節によるテクストを分析するときに，その機能の重要性が顕在化させる．例えば (6) では，テクスト全体で the duke のこと，(7) では my aunt のこと，(8) では teapot のことが述べられていくことが予想される．

   (6)   The duke gave my aunt this teapot.  He got it when he went to China on business.

   (7)   The duke gave my aunt this teapot.  She loves it so she displays it in the living room.

   (8)   The duke gave my aunt this teapot.  It is porcelain and it was made in Japan.

(6)–(8) の最初の節で下線を引いた部分は後続する節の主題となっていることを示している．このような主題の連続性を「主題展開 (thematic progression)」といい，テクストが何を視点において形成されているかを明示することができる．

テクスト形成的機能では節内の主題の具現とその省略，あるいは主題の展開といったことが焦点となる．これは言語の媒体（話し言葉・書き言葉）や言語の役割（主要・補助）と関わるため，状況のコンテクストの伝達様式がここに具現する (Halliday and Hasan (1989: 26))．

### 2.5.1.4.　メタ機能の同時性

これまで3つのメタ機能を簡単に説明してきたが，このメタ機能は言語表現の意味という渾然一体化した光を分光器で分離してみたようなものであり，意味の視点を示しているだけである．実際にはこの3つのメタ機能が同時に働いてテクストの意味を作り上げる（図17）．

| | The duke | gave | | my aunt | this teapot. |
|---|---|---|---|---|---|
| 観念構成的メタ機能 | 行為者 | 過程中核部 | | 受益者 | 対象 |
| 対人関係的メタ機能 | 主語 | 定性 | 述語 | 補語 | 補語 |
| | 叙法部 | 残余部 | | | |
| テクスト形成的メタ機能 | 主題 | 題述 | | | |

図17：3つのメタ機能の分析

節の中ではこのような機能が複雑に絡み合ってテクストの意味を形成していく．

### 2.5.2.　過程構成 (transitivity)

SFL では語彙文法を単に主語ˆ動詞ˆ目的語といった形式上の構成に関わるものではなく，観念構成的な意味の繋がりにおいて語句（参与要素）がどのように配置されるかを体系化するシステムだと考える．その中核になるのが述語動詞である．述語動詞はその意味を示すために目的語と呼ばれる名詞句がなければ意味が成立しなかったり，考えたり発言する意味内容を示したりしなければならない．そのため述語動詞について「過程中核部 (Process)」というラベルをつけ，その意味や特性から「過程型 (process types)」と呼ばれる6つの範疇に分けて記述する．この6つの過程型は「物質過程 (material process)」，「心理過程 (mental process)，「関係過程 (relational pro-

146

cess)」,「行動過程（behavioral process)」,「発言過程（verbal process)」,
「存在過程（existential process)」である．この過程構成は観念構成的メタ機
能の一部であるが，独立した項目とした．以下，概略を簡潔に述べていく．[20]

### 2.5.2.1. 物質過程（material process）

物質過程は何かの行動や変化，行為を示す．ここでは行為を行う「行為者
（Actor)」と，行為を受ける対象もしくは行為から生じるものを「対象
（Goal)」とラベルづけする．

| Makoto | made | the paper model car. |
|---|---|---|
| 行為者 | 過程中核部：物質過程 | 対象 |

図18：物質過程の例（能動態）

なお，能動態でも受動態でもこの意味関係は変化しない．

| The paper model car | was made | by Makoto. |
|---|---|---|
| 対象 | 過程中核部：物質過程 | 行為者 |

図19：物質過程の例（受動態）

### 2.5.2.2. 心理過程（mental process）

心理過程は感情や知覚，頭に描く内容を示すものであり，「感情的（affec-
tive)」,「知覚的（perceptive)」,「認識的（cognitive)」の3種類を想定する．
ここでは「感覚者（Senser)」と「現象（Phenomenon)」という意味参与を設
定する．

| Keiko | likes | classical music. |
|---|---|---|
| 感覚者 | 過程中核部：心理過程：感情的 | 現象 |

図20：心理過程（感情的）の例

---

[20] 詳しくは龍城（2006），ハリデー（2001）を参照のこと．

| Masa | saw | a rainbow. |
|---|---|---|
| 感覚者 | 過程中核部：心理過程：知覚的 | 現象 |

図21：心理過程（知覚的）の例

| Yumiko | thought | she was a good singer. |
|---|---|---|
| 感覚者 | 過程中核部：心理過程：認識的 | 現象 |

図22：心理過程（認識的）の例

心理過程の認識的タイプの場合には，現象の中に新たに考える内容が節の形で示されることが多い．このような関係を特に「投射された節（projected clause）」と呼ぶ．ちょうど頭の中がプロジェクターによって映し出されたイメージである．

### 2.5.2.3.　関係過程（relational process）

　関係過程は何かが他の事物や現象と関係していることを示し，属性・役割，所有関係，存在などを示す．これらを明示的に示すため，関係過程はさらに「内包的（intensive）」，「所有的（possessive）」，「状況的（circumstantial）」の3つに分けられる．意味参与は「体現者（Carrier）」，「属性（Attribute）」からなる．[21]

| You | are | a good dancer. |
|---|---|---|
| 体現者 | 過程中核部：関係過程：内包的 | 属性 |

図23：関係過程（内包的）の例

| Shane | has | three computers. |
|---|---|---|
| 体現者 | 過程中核部：関係過程：所有的 | 属性 |

図24：関係過程（所有的）の例

---

[21] ここでは関係過程の「属性的（attributive）」なものを説明した．この他に「同定的（identifying）」なタイプがあり，参与要素も「同定者（Identifier）」，「被同定者（Identified）」となる．これは You are the fastest in the class のように you と the fastest in the class の入れ替えができるタイプである．

| Your wallet | is | on the table. |
|---|---|---|
| 体現者 | 過程中核部：関係過程：状況的 | 属性 |

図 25：関係過程（状況的）の例

### 2.5.2.4. 行動過程（behavioral process）

行動過程は物質過程と心理過程の中間に位置するものであり，行動に関するものである．参与要素は基本的には「行動者（Behaver）」である．

| Yuki | laughed |
|---|---|
| 行動者 | 過程中核部：行動過程 |

図 26：行動過程の例

### 2.5.2.5. 発言過程（verbal process）

発言過程は発言することや示すことに関連する．例では参与要素は「発言者（Sayer）」と「引用内容（Quoted）」である．

| Chris | said | "I can do it". |
|---|---|---|
| 発言者 | 過程中核部：発言過程 | 引用内容 |

図 27：発言過程の例

### 2.5.2.6. 存在過程（existential process）

存在過程は there is / are 構文に代表される存在を示す．参与要素は「存在者（Existent）」である．

| There | are | some books | on the table. |
|---|---|---|---|
|  | 過程中核部：存在過程 | 存在者 | 状況要素[22] |

図 28：存在過程の例

語彙文法では過程構成の他にも，節の構成を網羅する．例えば，節内の定性

---

[22] 「状況要素（Circumstantial）」は前置詞や副詞で表現される時間，場所，様態などを示す．

の有無, 節を構成する下位範疇の語彙や句, 複数の節からなる複合節である. 語彙については, 語用論の「指示 (reference)」や「照応 (anaphoric)」と密接に関連する. Halliday and Hasan (1976) は英語の照応について詳しく論じている.

### 2.5.3.　意味の潜在能力 (meaning potential)

　語彙文法は意味と形式のシステムである. 意味は形式で伝えられるが, 同時に形式が意味を作り出す. 言語はすでにある意味を伝えるものではなく, 意味は言語によって生み出され, 意味を生み出す原動力が文法である (Halliday (2013: 194-195)). そのため, このシステムを SFL では「意味の潜在能力 (meaning potential)」といい, それが具現されたものが言語表現と考える. ハリデーは意味の潜在能力と具現を天候と天気の関係と似ているとしていて (Webster (2019: 45)), 潜在的なパターンの可能性から実際の表現が現れ, また表現が蓄積されていくことによりその潜在能力が変化すると考えられる.

　文法に関連して, ハリデーは文法の説明のない談話分析は分析ではなく, 単なる注釈であり, 非言語的な情報や語数のような文法と関連性のない事象の私的見解に留まると批判する (ハリデー (2004: xxxiv-xxxv)). すなわち, 形式と意味のシステムを考えなければ言語事象は分析できないのであり, SFL のいう「選択体系機能」がここに示されている. 言語表現の一事例についてのみ記述するのではなく, 言語システム, 言語行動のパターンの中でその事例がどのような位置付けとなるかを記述することは語用論にも大きな参考となるのではないだろうか.

### 2.5.4.　文法的比喩 (grammatical metaphor)

　言語表現は時に似たような意味であっても異なった形式を取る. 例えば, 「ありがとうございます」と「感謝申し上げます」では大意は同じだが, 話者同士の人間関係 (役割関係) が異なり, さらに話し言葉か書き言葉かという媒体 (伝達様式) によって表現の選択が異なる. だが, このような選択の相違は語彙だけに限らない. それは節の構成そのものにも関わってくる. 次の

4つの例（Matthiessen（1995: 32）より）を見てみよう．すべて「ラーマ4世が1851年王位についた時，彼は47歳だった」という意味である．

(9) When he was elevated to the throne in 1851, King Mongkut was forty-seven years old.

(10) On his elevation to the throne in 1851, King Mongkut was forty-seven years old.

(11) King Mongkut's elevation to the throne in 1851 took place in his forty-seventh year.

(12) King Mongkut's forty-seventh year saw his elevation to the throne in 1851.

(9) の形式が英語話者の子供から大人，あるいは英語を外国語として使う話者までの幅広い層に一番馴染みやすく，理解されやすい，自然な形式であろう．ある意味を伝えるときに典型的に現れる形式を「一致した（congruent）」ものという（ハリデー（2001: 538-541））．しかし (10) では (9) の he was elevated の節が his elevation と名詞化されている．さらに (10) では前置詞句として直接の参与要素になっていないものが (11) では King Mongkut's elevation to the throne in 1851 という1つの名詞句として参与要素とし，さらに King Mongkut was forty-seven years old という関係過程の節を took place という物質過程の節に変化させている．そして，(12) では心理過程の節として King Mongkut's forty-seventh year が感覚者として表現されている．このように節で表現される出来事を名詞化したり，あるいは「一致した」過程構成を別の過程構成に変化させたりするなど，ある文法範疇で示されるものを別の範疇を使って示す表現を「文法的比喩（grammatical metaphor）」（ハリデー（2001: 538-576））という．(12) は日常の会話では使わない比喩的な表現だが，歴史的な読み物では多用される．また学問的な書物では名詞化のような文法的比喩表現が多く使われるようになり，それが子供の学習の障壁になることもある（シュレッペグレル（2017））．

(9) から (12) は観念構成的メタ機能の文法的比喩であるが，対人関係的メタ機能についても文法的比喩が見られる．次の例を見てみよう．

(13)　I think it's going to rain, isn't it?　　　（ハリデー (2001: 558)）

ハリデーはこの節における付加疑問文の主語が it であるため，I think は命題を示すのではなく，probably の文法的比喩であるとする．また I wouldn't ..., if I was you という仮定法の表現は「自分ならそうする」という意味の援用で命令や警告を示すのも同様の文法的比喩であるとして，語用論の発話媒介行為によって言及されてきた事項は言語学的見地からは対人的比喩という事象に過ぎないとしている（ハリデー (2001: 575-576)）．語用論では，言語表現の意味を捉えていくという解釈が主体になりがちだが，SFL では，コンテクストやコミュニケーションの目的に応じた表現形式の具現化の仕組みも考える．その一例として着目されるのが文法的比喩と言えるだろう．

## 2.6.　音韻論 (phonology)

　口語では音調が機能を作り出すエンジンとなる．Sorry でも，下降であれば陳謝であり，上昇なら相手に発話内容の繰り返しを求める．さらに light house のように強勢の前後で「明るい家」，あるいは「灯台」と意味が変化する．SFL では「第1音調（下降）」，「第2音調（上昇）」，「第3音調（平板）」，「第4音調（下降・上昇）」，「第5音調（上昇・下降）」といった音調とその組み合わせと，3つのメタ機能との関係，特に対人的メタ機能との関係を主眼においた機能を考察する（龍城 (2006: 99-118)）．本論では紙面の都合上，詳細を記述できないが，英語の音韻については Halliday and Greaves (2008) をご覧いただきたい．

## 3.　まとめ

　これまでみてきたように，選択体系機能言語学と語用論はコンテクストと言語機能を接点とすることで極めて親和性の高い理論と言える．SFL では文化的なコンテクストからジャンル，状況のコンテクストから言語使用域，コンテクストを構成する側面（活動領域，役割関係，伝達様式），そして言語表現形式に関わるメタ機能，語彙文法，音韻，さらには文法的比喩といっ

た様々な言語の形式と意味の関係をコインの両面のように一体のシステムとして捉えて考察する．語用論とはコンテクスト，意味論，語彙文法とも重なるところがあるが，SFL はその一体的な体系のなかで言語事象を捉えていくことから，語用論を補完，あるいは強化する側面があると言える．

　語用論は人間の認知（Wilson and Sperber（2004），Huang（2014））という心理的色合いが強いとすれば，選択体系機能言語学は文化のコンテクストのように社会的な観点で焦点を当てていると言える．両者が光を当てる角度は異なるが，相補的に言語とコンテクストの関係を分析して考察することによって，言語機能と形式の本質性を浮き彫りにすることができるであろう．

第 7 章

# 意味論・語用論とコーパスのインターフェイス
## ——トピックモデルを語彙意味論に応用する——*

木山直毅 (北九州市立大学)

## 1. はじめに

　コーパスはコンピュータの発展とともに巨大化している．例えば 1964 年に世界で初めて電子言語資料として公開された Brown コーパスの収録語数は約 100 万語であったが，1994 年に完成した British National Corpus (以下，BNC) は 1 億語，そして現在も編纂が続いている Corpus of Contemporary American English (以下，COCA) は 10 億語を収録している (Davies (2008-))．それに伴いコーパスを利用した研究は様々な分野に広がりを見せ，言語研究で用いられる統計を紹介した教科書が多く出版されるようになった (e.g. Glynn and Robinson (2014)，石川他 (2010)，Levshina (2015))．これによりコーパスを用いた言語研究を勉強する環境は整ってきたと言える．[1] しかし，新しい統計手法は言語学向けの解説がなされておらず，そういった手法

　* 本章は岩根久氏 (大阪大学名誉教授)，植田正暢氏 (北九州市立大学)，渋谷良方氏 (金沢大学) から助言を受けた．また，本章執筆にあたって米倉よう子氏 (奈良教育大学) からお声がけ頂いた．記して謝意を表したい．なお，本稿の誤りは当然ながら執筆者に帰すものである．本章は JSPA 科研費 (基盤 (C)20K00667，渋谷良方氏 (金沢大学) との共同研究) の助成を受けた研究を含んでいる．
　[1] コーパス言語学という分野が本当に存在するものかどうかは様々な意見があるが (Tognini-Bonelli (2001))，本章で「コーパス言語学」と呼ぶ際はコーパスを用いた語彙意味研究分野のことを指すこととしたい．

を取り入れるためには数理統計の論文に当たる必要がある．そのため，たとえ言語研究に有益な手法であったとしても，言語学者からは敬遠されてしまいがちである．そこで，本章では確率分布からテキストのトピックを推定するトピックモデルの手法，特に Biterm topic model を紹介し，それが意味研究にどのように役に立つのかを論じていく．

　本章の構成は次のとおりである．2 節では本章が前提とする理論的背景を概観する．3 節では質的調査の問題点と量的調査の利点を論じ，4 節では本章が利用する NOW コーパスを紹介する．その後，伝統的にコーパス言語学で用いられてきたコロケーション統計を実践し，その問題点を探る．そしてその問題を解決する方策としてトピックモデルを 6 節で紹介し，ケーススタディを示し，7 節で本章をまとめる．

## 2.　百科事典的意味論

　語の意味を規定する際，何をもって語の意味とするのかについては様々な見解がある．辞書のように人が持つ膨大な知識の中で言語に直接関連する（と思われる）部分のみを意味と考える立場もあれば，百科事典のように広い知識体系の中で語の意味を捉える立場もある．本章では後者の世界に関する知識を語の意味として取り込む認知意味論，より具体的には百科事典的意味論の立場を取る．

　百科事典的意味論とは，概念に対して人が持つ知識と語の意味の間に明確な境界線は存在しないと考える意味論である．例として Langacker（1987）の radius と hypotenuse を考えてみたい．Radius も hypotenuse も，それら自体が指す対象はただの線（line）である．しかし，図 1 の太線は radius であり hypotenuse ではないし，反対に図 2 の太線は hypotenuse であり radius にはなりえない．なぜならば，radius というときには常に円が背景に想起されており，hypotenuse は三角形の知識を背景で利用しているからである．この例は語の意味を正しく理解するためには適切な背景知識が喚起されなくてはいけないことを強く示唆している．

図 1：Radius　　　　　　　　図 2：Hypotenuse

　次に，同じ表現でも文脈が異なると使う知識が異なる例を考えたい．
Taylor（2002: 442，一部抜粋）によると，人は photograph に対して以下に
挙げるような知識を有している．

(i)　　風景や人の描写である．

(ii)　　様々な技術を駆使して撮影される．

(iii)　　現像された紙及びそれ以外の形式で保存され，焼き増しや送信が
　　　　できる．

(iv)　　社会文化的慣習として何らかの記念や記録のために写真を撮る．

これらの中で，どの知識が用いられるのかは photograph が使用される文脈
に応じて変化する．

(1) a.　The photograph is torn.

　　 b.　The photograph was awarded a prize.

　　 c.　I'll send you the photograph as an electronic attachment.

　　 d.　This is a photograph of me at age 10.

(1a) の場合，写真が紙に現像されているという知識を用いないことには理
解できず，(iii) を前景化し (ii) や (iv) といった知識は背景化されている．
一方で (1b) は撮影者の腕や感性が問われるため，(i) あるいは (ii) の知識
が前景化される．(1c) はデータとして保存されていることから (iii) の後半
の知識を使用し，(1d) は話者の昔の写真ということで (iv) あるいは (i) を
使用している．この議論から，photograph の意味は使用場面や文脈によっ
て，より具体的に特徴づけられる意義（sense）が少なくとも 4 つ存在し，
photograph がどのような文脈で使用されるのかによって別々の知識が喚起

され，人は無意識的に適切な解釈を選んでいるということがわかる.[2]

　伝統的な意味論において，百科事典的意味は語用論であり語の意味ではないと考えられてきた．一方，Croft が明言するように，百科事典的意味論は世界に関する知識そのものが意味の一部であると考えている．

> One of the central tenets of cognitive semantics is that the meaning of words is encyclopedic: everything you know about the concept is a part of its meaning … From this it follows that there is no essential difference between (linguistic) semantic representation and (general) knowledge representation …　(Croft (1993: 336-337))

このように百科事典的意味論の場合，意味（meaning）と意義（sense）の区別はせず，先に挙げた photograph のどの使用が語の意味でどの使用が語用論的意味なのかを決めることはできないと考える (Taylor (2003, 2012b))．そのため，本章では意味，意義，語用論的意味を区別せずに統一して「意味」を使用する.[3]

　語彙的意味と百科事典的意味との境界線は恣意的であることが論じられるようになり (Haiman (1980))，百科事典的意味は生成文法の流れを汲んだ意味論 (Jackendoff (2002), Pustejovsky (1998)) や認知言語学では標準的な考え方となっており (e.g. Langacker (1987))，広く受け入れられつつある.

## 3.　内省に基づく意味研究とコーパスに基づく意味研究

　本節では，言語学において伝統的に採用されてきた母語話者の内省に頼る質的調査の問題点を挙げ，量的調査の必要性を論じ，コーパス言語学の手法

---

[2]　本章がいう意義とは言及している対象物に関する心的表象（mental representation）のことを指す．例えば dog の意義は手足の数や犬アレルギー，鼻の良さ，忠誠心といった dog の概念，あるいはその部分を指す (Cruse (2011)).

[3]　語用論的意味とは話者の意図した意味，あるいは文脈における語あるいは文の意味を指す．そのため「この部屋暑いね」が「窓を開けてほしい」の意味も語用論的意味であるが，(1) の各意味も語用論的意味と言える.

や本章が採用する手法の背景にある考え方を紹介する.

### 3.1.　多義性における量的研究

　前節の photograph の例からもわかるように百科事典的意味論では多くの語が多義語であると想定されている. しかし, 多義語の研究では, どの用法を独立した意味として認めるのかが極めて難しく, 意味の独立性をどのように認定するのかは多義語の研究, ひいては意味論における課題の 1 つとなっている. そこでこれまで提案されてきた質的, 量的手法をいくつか紹介し, その問題点を挙げ, コーパス調査の利点とその注意すべき点を挙げる.

　語の独立性を測るために様々な言語テストが提案されてきたが, ここでは等位接続によるテストを紹介する. このテストはある文で 1 つの語が 2 つの意味を同時に表すことができない特性を利用したものである. 例えば「本」が「黄ばむ」と一緒に現れるならば紙に印刷された具体物を表すが (=(2a)), 「おもしろい」と共起するならば本の内容を指す (=(2b)). そして, これら両方の読みを担わせた (2c) は不自然な文であるため, 「本」には 2 つの意味があるといえる.

(2)　a.　この本は黄ばんでいる.
　　　b.　この本はおもしろい.
　　　c.??この本は黄ばんでいるしおもしろい.

しかし, もし等位接続が当該語に 1 つの読みだけを担わせるというのであれば, 語の意味は文脈の影響を受けないはずだが, 少し文脈を変えると (3) のように「本」は両方の意味を表すことができるようになってしまう (Geeraerts (1993), Cruse (1986) 参照).

(3)　この本は黄ばんでいるが, いまだにおもしろい.

このように言語テストは運用が難しく, また作例に対する直感が言語学者と言語学者以外とであわないことも報告されており (Dąbrowska (2010)), 容認度判定がどれほど信頼に値するのかは慎重に判断しなくてはならない.
　次にコーパスの用例に対する ID タグの使用である. これは既存のコーパ

スから取得した用例に対しタグを付与していく方法で，コーパスを利用していることから，作例に基づく容認度判定に対する問題は克服できる．この手法の最大の難点は，付与したタグの基準が一貫しているということをどのようにして保証するかである．これを解決する1つの方法は評価者間信頼性（inter-rater reliability）である．この指標は同一データに対し複数の評価者がタグ付けし，そのタグの一致度を測定するというものである．もう1つは評価者内信頼性（intra-rater reliability）を測定するものである．これは1人で同一データを何度か順番を入れ替えてタグ付けし，そのタグの一致度を測定するものである．しかし，いずれの場合もコーパスサイズが日に日に大きくなっていく今日，膨大なデータを手でタグ付けするのはあまりにも時間がかかってしまう．

　以上の問題点を克服するのが，本章で紹介するコーパスと統計手法を用いた量的な研究である．コーパスを用いている点で質的研究の弱点を克服しているのはすでに述べた通りであるが，統計手法はデータを取得した後から計算の結果が出るまで人の手が入らない．タグ付けで問題となりうる基準の一貫性を問題とせず，かつ人にかかる労力を大幅に減らすことができる．

　ただしコーパスと統計手法を用いた研究にも問題がないわけではない．コーパスを用いることでコーパスの性質に依存することになるため（4節参照），使用するコーパスの性質を十分に理解しておかなくてはならない．またコーパスに含まれるデータしか研究対象にならないため，当然ながらコーパスに含まれないデータは考察対象にならない．言い換えると，母語話者の直感に基づく「言える・言えない」といった従来の理論言語学が利用してきたデータは，コーパスのみを利用した定量的研究では再現することはできない．

　統計についても，用いる手法によって計算結果や解釈が異なってくる（Hunston（2002），McEnery and Hardie（2012））．例えばコーパスの頻度全体を使用することで高頻度のコロケーションを抽出する手法もあれば，対数変換により高頻度のものを抑え，低頻度のものを上位に押し上げる傾向のある手法もある（5節参照のこと）．統計手法を用いる場合は，なぜ，どのような目的でその手法を用いるのかを明確にしておく必要があるだろう．

## 3.2.　コーパスと意味研究

　次に，コーパス言語学がコーパスを用いてどのように意味を研究するのか
を見ておく．コーパス言語学では伝統的にターゲット語とその共起語との関
係から意味を研究してきた．例えば英語の名詞複数形 streams を COCA で
検索すると図3のような結果が返ってくる．[4] KWIC を取り巻く語を見てみ
ると，例文3や4，5，7，8，9 はいずれも salmon や colonize, village,
river，valley といった自然や地域を表す語が現れており，streams が液体の
流れを表していることがわかる．一方で1や2，6は photo や downloaded,
album といったデータの流れを表す語が見つかり，データの流れを意味す
る streams であることがわかる．コーパス言語学では中心となる語と共起
する語（コロケーション）をもとに語の意味を解明してきた．この考え方は
分布仮説（distributional hypothesis）や分布意味論（distributional seman-
tics）と呼ばれ，Harris の"if we consider words or morphemes A and B to
be more different in meaning than A and C, then we will often find that
the distributions of A and B are more different than the distributions of A
and C. In other words, difference of meaning correlates with difference of
distribution."（Harris(1954: 156)）や Firth の "You shall know a word by
the company it keeps"（Firth（1957: 11））をスローガンとしてコーパス言語
学は発展してきた．

　百科事典的意味論はこの分布意味論と親和性が非常に高い．先に挙げた

| | | PRE | KWIC | POST |
|---|---|---|---|---|
| 1 | WEB | in iOS 6: Shared Photo Streams. Shared Photo | Streams | allow you to post and share photos to a Photo Stream album |
| 2 | WEB | are being increased in size by a huge factor. The | streams | are being downloaded multiple times as connection errors cause |
| 3 | ACAD | salmon that stray from nearby streams typically colonize new | streams | and can establish significant populations within 20 years. In |
| 4 | WEB | environment. When village leaders began to notice black oil in | streams | and consulted Chevron as to the safety of this new substance, |
| 5 | NEWS | the extent to which increased development will degrade rivers, | streams | and creeks outside the critical areas. Will the savings for |
| 6 | WEB | 've got twice the fun this week with two upcoming album | streams | ! JAN's self-titled debut album will have you reaching for your |
| 7 | MAG | Now we have contaminated groundwater in some farming areas, and | streams | and estuaries that are becoming oxygen-deficient because of |
| 8 | SPOK | run-off that's coming down – down off farmland into | streams | and eventually down into the lakes. KAUFFMAN: George Halberg |
| 9 | MOV | will never understand. You see these rivers and valleys and | streams | and fields, even towns? They're just markings on a |

図3：streams の KWIC コンコーダンス

---

　[4] 複数形の streams を選んだのは意味の偏りを回避するためである．単数形だと日本語
でいうところの「川」の意味が圧倒的に多く，それ以外に関する用例がほとんど見つからな
い．そのため単数形の場合だと検索時にデータの偏りが生じ，わざわざ統計的手法を使う
必要がないため複数形にした．

160

photograph の場合，一緒に使用される語によって photograph の解釈に必要な背景知識が変わっていた．例えば (1a) が「写真は紙に印刷されている」という知識を用いていると断定できるのは photograph が torn と一緒に現れているからである．また (1b) が (1d) と違い，芸術作品，あるいは高度な技術を駆使した作品であると理解できるのは，一緒に現れている awardedや prize のおかげであろう．つまり百科事典的意味論における語の意味研究は分布仮説と極めて相性が良いといえる．筆者の知る限り，コロケーションと世界知識の関係を明確に言及した先行研究はないものの，百科事典的意味論は分布仮説を前提にしていると考えても差し支えないだろう．

## 4. 本章で使用するコーパス

　近年，無料で使用できるコーパスも増え，難しいプログラムを使用することなく用例を検索できるようになってきた．そのため，コーパスの利用が非常に容易になり広く使用されるようになった反面，どのコーパスをどのような目的で利用するのかを考慮しておくことが一層求められるようになった．本章では BYU コーパスの中でも 2010 年以降のオンラインニュースを収集し，現在約 100 億語から構成される News on the Web Corpus（以下，NOW コーパス）(Davies (2016-)) を利用する．このコーパスの良い点は 1日毎のデータを約 10 年分利用できることである．従来の時系列コーパスは1 年単位や 10 年単位というデータのまとまりで編纂されており，分析者のニーズに応じた言葉の変化を追うことができなかった．しかし NOW コーパスならば 1 日，1 週間，1 ヶ月など自在に扱うことができ，研究目的に応じた言語変化を調査することができる．また，歴史コーパスとは異なり2010 年以降の比較的新しい言語データに限定されるため，この 10 年間の言語変化を捉えられる点も，言語変化などで一般的に用いられる通時的なコーパスとは一線を画する．[5] データ源がオンラインニュースに限定される点も重要である．ジャンルやレジスターが言語使用に与える影響は大きく

---

[5] 本書第 1 章 4.3 節，第 3 章 3 節以降を参照のこと．

(Biber and Conrad (2009)), また言葉がどのように変化するのかはレジスターによって異なる (Shibuya (2020)). BNC や COCA などの均衡コーパスは小説や話し言葉, 雑誌やアカデミックなデータといった様々なジャンルが含まれるため, 言葉の振る舞いを考察する際, その影響を十分に考慮する必要がある. 一方で NOW コーパスはジャンルが統制されているため, 言語研究に使いやすい. もちろんオンラインニュースであるために報道内容に大きく影響され, 特定のトピックを抽出してしまう可能性は否定できない. しかしこれはどのコーパスを用いても潜在的にあり得る問題で, コーパス言語学の宿命である.

　BYU コーパスのフルテキスト版を利用する際には, 分析者が分析しやすいようデータを整形する必要がある. そこで本章では次のように編集を行った.

　(i)　2013 年から 2015 年のアメリカのデータを利用する.
　(ii)　データの完全一致を除外する.

2013 年から 2015 年のデータに限定しているのにはデータ処理にかかる時間等を考慮してのことである. 公式サイトで公開されているデータを集計すると, (i) のデータだけで約 29 万のテキスト, 約 2 億 6000 万語のサブコーパスとなる. この 3 年分だけで BNC の 2 倍以上のデータになる.

　(ii) については, NOW コーパスの性質を補足説明する必要がある. NOW コーパスはオンラインニュースを資源としているため, データの重複が多く見られる. 例えば前日に記載された記事$_i$ が翌日の記事の下に掲載されている場合, それは記事$_i$ とは別の記事$_j$ として収録されている. さらに翌日となると記事$_i$ と同じものが記事$_k$ として蓄えられている場合がある. そのためコンコーダンスラインが完全一致するデータに関しては初出のものに限定した.[6]

---

　[6] BYU コーパスは, 著作権の都合からデータが一定スパンで「@@@@@」とマスクされている. 「完全一致」とすると, マスクされたデータは別データになってしまうため, データ整理, 整形については今後の課題としたい.

162

なお，本研究はフルテキスト版を利用しているため，品詞タグを含めた調査を行っているが，視認性を高めるためにデータ表示の際はタグを除外する．

## 5. コーパスを用いた伝統的なコロケーション統計

では実際にコーパス言語学ではどのような調査を行ってきたのだろうか．また伝統的な手法はどのような問題点があるのだろうか．コーパス言語学で主に用いられる手法について，具体的な分析を通して見てみたい．本節では上述したコーパスデータより左右5語，合計で10語のスパンで streams を抽出し，ストップワードを除外した．[7] その後，（後述する MI スコアの特性から）共起頻度が 10 以上のものに限定して計算した．

### 5.1. 相互情報量

相互情報量（英語で mutual information score と呼ぶことから MI スコアとも）は中心語が共起語の情報をどれほど持っているのかを示す指標で，"strength of collocation" (Hunston (2002: 73)) を示している．言い換えると，「任意の語が与えられたときに，どの程度，その共起語が予測できるか，という指標（石川 (2006: 7)）」である．例えば kith が現れれば kin が自動的に決まるように，ある語が出た際に後続する語が容易に予測できるような場合，情報量は大きくなる．本スコアの求め方は次のとおりである．

$$I = \log_2 \frac{共起頻度 \times コーパス総語数}{中心語頻度 \times 共起語頻度}$$

MI スコアは値全体を対数で圧縮することから，頻度による影響が小さくなる．そのため MI スコアは高頻度で現れるコロケーションより，低頻度な中

---

[7] ストップワードとはデータを統計解析する前に除外する語彙のことである．例えば英語の文には必ず a や the といった機能語が含まれる．これらは語の意味が抽象的でターゲット語の意味を決める上であまり役に立たず，それでいて頻度が高く統計処理上のノイズになることが多い．実験的に，ストップワードを含めた調査も行ったが，特に頻度を重視する t スコアでは，上位に上がってくる語のほとんどが機能語であったため，本章では除外した．ただし，熟語や慣習的な結びつきを調査したい場合はストップワードを含めて調査する場合もあり，目的によってストップワードを除外するかは異なる．

心語であっても特定の共起語との結びつきが強い表現のほうが高い評価になる．しかし，この性質により MI スコアは低頻度な表現や語に対して過敏に反応するという弱点もある．そのため，重要なコロケーションを抽出するには，共起頻度を 10 以上のものに限定することが推奨される (Hoffmann et al. (2008: 154))．なお，相互情報量は 3 以上の値を示すコロケーションが意味のある結びつきとされる (Hunston (2002: 71))．

以上の計算から streams と強い結びつきにある上位 10 語として rivers, creeks, tributary, ditches, ponds, wetlands, lakes, ephemeral, revenue, intermittent が得られた．これら共起語のほぼすべての語彙が地理に関するもので，streams は地理や地形に関する意味を表していることがわかる（= (4a)）．[8] また，リストには revenue があり，(4b) のような使用が多いことから，金銭の流れに関する意味を持つこともわかる．

(4) a. … the above-ground land in North America is chilly or frozen, life goes on in ponds, lakes, and <u>streams</u> all around you.

    (2013-12-10)

    b. The banks are inclined to protect their existing revenue <u>streams</u> …    (2015-02-04)

## 5.2. t スコア

本手法は t 検定の検定統計量を使用したもので，どれほどの確かさで 2 語の共起が偶然ではないと言えるのかを計算する．そのためコロケーションの強さを測る MI スコアとは異なり，本指標は "certainty of collocation" (Hunston (2002: 73)) を示す．t スコアの求め方は次のとおりである．

$$t = \frac{共起頻度 - 共起語期待値}{\sqrt{共起頻度}}$$

---

[8] 以下，英語の例文はすべて NOW コーパスより取得したものであるため，出典は日付の記載のみとする．また例文を挙げる際，計算に使用した ± 5 のスパンを超えて提示する場合があるが，例文の理解をしやすくするためであり，計算手順の恣意的な操作ではない点に注意されたい．

164

この式からわかるように，tスコアは頻度を重視しており，特殊な結びつき
を高く評価するMIスコアとは反対に，一般性の高い，よく使われるコロ
ケーションを抽出するのに適している．しかし，tスコアは頻度の情報を重
視するあまり，高頻度な語彙に過剰な評価を与える傾向にある．なお，t ス
コアは計算結果が2以上の語彙が統計的に意味のあるコロケーションとさ
れる（Hunston (2002: 72)）．

　これにより得られた streams との共起が偶然ではない確率の高い上位10
語は，revenue, rivers, data, lakes, water, video, million, live（形容
詞），income, wetlands であった．このリストでは，MIスコアで確認でき
た2つの意味に加え，データのやり取りに関する意味（data / video / live
streams）があることも確認できる（= (5)）．

(5) a.　… vast quantities of data in real time from various <u>streams</u>
and turn that data into immediate, useful information.

(2013-04-24)

b.　… scan logs and live data <u>streams</u> and other security data …

(2013-05-30)

以下ではそれぞれを「流体義」，「金銭義」，そして「データ義」と呼ぶことと
する．

## 5.3.　コロケーション統計の問題点

　たしかに語の意味を調査する上でコロケーション統計は非常に強力な手法
であり，語彙意味論研究で大きな貢献を果たしてきたのは事実である．しか
し注意深く計算結果を比較検討すると，いくつか問題点が生じる．

　1つ目に，使用する指標によって結果が異なる点である．先の結果の解釈
を見比べると，streams の意味を MI スコアでは2つ，t スコアでは3つの
意味を得ることができた．どちらの方がより説得力があるのかを，十分な根
拠をもって説明するのは難しいだろう．

　もちろん，各スコアの基準値を超える語彙をすべて見れば，結果の差は縮
まっていくことが予想される．しかし「基準値」について2つ目の課題が発

生する．それは意味のあるコロケーションの数である．例えば，5.1，5.2
節では streams と 10 回以上共起する約 170 語に限定して計算したが，MI
スコアで 3 以上の値を取る共起語は全体の 9 割を超える．さらに，t スコア
にいたっては計算した語のすべてが基準値を超えていた．つまり，理屈上
（ほぼ）すべての共起語が特徴語であり，「意味のあるコロケーション」が本
当に意味のあるコロケーションなのか，よくわからない．

　3 つ目に，分析の粒度の問題である．t スコアで得られた特徴語 10 語の
中に data, live, video がある．t スコアの節ではこれらをデータ義として
1 つの意味とまとめたが，より細かく（ライブ）動画ストリーミングとデー
タストリーミングとを分けて考えることも可能で，どちらの分類がより適切
なのか，t スコアで判断することはできない．そのため，コロケーション統
計は直感的な分類には向いているかもしれないが，その分類の妥当性につい
ては慎重に判断する必要があるだろう．

　分析の粒度については，文脈における意味の差についても課題が生じる．
例えば (6) は freshwater streams and rivers とあることから流体義である
が，data が直前に現れている．

(6)　… U.S. geological survey data from about 1,400 freshwater
　　streams and rivers across the U.S. …　　　　　　　　(2015-8-12)

百科事典的意味論は共起する語によって異なった知識の側面を前景化し，意
味が異なるという立場を取る（2 節と 3.2 節の photograph の例を参照）．つまり，
理論的には生物の生息地としての「川」（=(4a)）と研究対象，検体入手先と
しての「川」（=(6)）は別な知識を前景化していて，これらの意味は異なっ
ているはずである．しかしコロケーション統計の場合，streams に対して
data が特徴語に現れればデータの流れを表し，rivers や ponds が現れれば
水の流れを表す，と結論づけていく必要があり，世界に関する知識のどの側
面を前景化するのかについての議論は困難である．

　第 1 の課題については研究目的に応じて手法を適宜変え，第 2 の課題は
基準値を変更することで解決できる問題である（McEnery and Hardie (2012:
52)）．しかし第 3，第 4 の課題はコロケーション統計の原理的な課題であり，

166

百科事典的意味観に立脚した場合，別な角度から意味研究を行う必要があるだろう．そこで次節では談話（あるいはトピック）の観点から意味を抽出する手法を深く見ていく．

## 6. Biterm topic model

前節では，コロケーション統計の問題点を指摘したが，この問題点を克服するのが本節で紹介する Biterm topic model（Yan et al. (2013)，以下，BTM）である．調査結果を見る前に，BTM の背景にある考え方を概観しておく．

### 6.1. トピックモデル

情報検索やデータマイニングの分野においては古くからトピックモデルが盛んであった．トピックモデルとは，ある文書がどういう話題について書かれたものなのかを説明する手法である．例として，次の文が何について書かれたものか考えてみたい．

(7) 先週の火曜日は 2 打数無安打だったが，守備で好プレーをしたため，今週はスタメン出場することができた．そして硬直状態にあった試合を動かす先制ホームランを打ち勝利に貢献した．

(8) サムライブルーは後半 5 分で 2 点目を決め同点に追いつきチームの雰囲気も盛り上がってきた．そしてアディッショナルタイムで相手チームの反則により PK を獲得し，キーパーの意表を突く一点を奪った．これが決勝点となり日本代表は決勝戦へと進出した．

(9) 今年の秋はニットとカッターシャツをあわせたきれいめコーディネートが流行るらしい．来週の火曜日の撮影会では季節を先取りして大人の雰囲気を出せるこの一張羅で決まりだ．

おそらく多くの人がそれぞれを野球，サッカー，そしてファッションについて書かれた文と理解したのではないだろうか．しかし，各例文に「野球」や「サッカー」，あるいは「ファッション」といった言葉は出てきていない．こ

のように，人は文書が何について書かれているのかを自然と理解する能力を
持っており，本章で使用するトピックモデルは，このような文書分類を統計
的に行っていくものである．

　近年のトピックモデルでは，Blei et al.（2003）が提案した潜在的ディリ
クレ配分法（latent Dirichlet allocation, 以下 LDA）が主流である．しかし，
LDA は文書レベルで語のトピック割当を行っていくため，入力する文書
データが短いと十分にトピックを学習することができず，結果としてトピッ
ク抽出の精度が下がる（Tang et al.（2014），Yan et al.（2013））．そこで，短い
文書でトピックモデルを行う手法として BTM が提案された（Yan et al.
（2013））．本手法は，文書レベルでトピック割当を行っていた LDA とは異
なり，非連続的な 2 語（biterm）をコーパス全体で共有することで，トピッ
クの学習を行う．

　トピックモデルにおけるトピックとは語の分布によって特徴づけられるも
のと定義される（Blei et al.（2003: 996），Yan et al.（2013: 1445））．直感的には，
先の例文でトピックを推定する際に利用したであろう語を考えればわかりや
すい．例えば（7）のトピックを推測するのに利用した語は「2 打数無安打」
や「守備」，（8）の場合は「サムライブルー」や「PK」，「決勝点」などであろ
う．同様に（9）は「カッターシャツ」や「コーディネート」などから文の内
容を推測しているはずである．このように，トピックは語の集合によって決
められると仮定できる．BTM ではトピック中の語彙出現を表 1 のような確
率（$\phi$値）として計算する．表 1 の場合，「無安打」は 3 つのトピックの中
でもトピック 1 に最も高い値を示しているため，トピック 1 から生成され
た確率が最も高いといえる．[9] 同様に「流行る」や「コーディネート」はト
ピック 3 が最も関連が強いトピックである．このように，BTM ではどの語
がどのトピックから生成されたのかを確率的に表すため，分析者はその$\phi$値
を見て各トピックにラベル付けを行う．

　なお，トピック数に関しては絶対的な基準はないことに注意されたい．例

---

[9] LDA や BTM は生成モデルと呼ばれており，手元の文書がある分布から確率的に生成
されたと仮定している．

|  | トピック 1 | トピック 2 | トピック 3 |
|---|---|---|---|
| 無安打 | 0.087 | 0.001 | 0.003 |
| 守備 | 0.054 | 0.046 | 0.006 |
| サムライジャパン | 0.025 | 0.105 | 0.003 |
| チーム | 0.051 | 0.064 | 0.027 |
| コーディネート | 0.026 | 0.001 | 0.174 |
| 雰囲気 | 0.043 | 0.069 | 0.051 |
| 流行る | 0.005 | 0.003 | 0.181 |

表1　各トピックにおける架空の語彙生成確率（$\phi$値）

えば表1では3つのトピックの存在を前提としたが，(7) から (9) を「スポーツ」と「ファッション」の2つに分類することもできれば，(7) と (8) のトピックをより詳細に「守備」，「得点」，「勝敗」に分け，合計で4つのトピックを想定することも可能である．このように BTM ではいくつのトピックを想定するのかは分析者の判断に委ねられる．もちろん数理的に「理想的な」トピック数を求めることは可能ではあるが，それが必ずしも人にとって解釈しやすいとは限らない．そのため意味研究（あるいは言語研究）で BTM を実践する場合，様々なトピック数で何度も実験し，最も解釈しやすいトピック数を探る必要がある (Törnberg and Törnberg (2016))．

## 6.2.　コーパス言語学と BTM

　ではコーパス言語学と BTM はどのように関連付けられるのだろうか．Yan らの BTM は SNS やオンライン記事の見出しといった1文が非常に短い文書セットを解析することを目標としたトピックモデルである．そのため，BTM が分析に使用するデータは短文の集合である．他方，コーパス言語学の場合はコンコーダンスラインをもとに語の意味を特定していくため，コーパス言語学が分析するデータも短く区切られた文である．[10] このことか

---

[10] 中心語から見て，左右に何語を取得するのかによってデータは変わるため，文の途中からデータが始まり，途中でデータが終わる場合もある．そのためコーパス言語学が扱うデータは必ずしも「文」であるとは限らない点に注意されたい．

らコンコーダンスラインは BTM の入力データと似た型のデータであると
いえよう.

　BTM における文書とコンコーダンスラインが同等の役割をしているとす
るならば，コンコーダンスラインにおけるトピックは何に当たるのだろう
か．3.2 節で述べたように，コーパス言語学で語の意味を決定するのは共起
語であるが，分布仮説はトピックと極めて親和性が高い．図 3 で見た
streams の場合，中心語の周辺に river や mountain，water などが現れるな
らば，それらは「自然界」トピックから生成されていると考えられる．そし
てそのトピックの中で streams が用いられれば，それは物質の流れを意味
すると仮定するのが自然である．同様に，data や music，downloaded と
いった語は「パソコン・データ送受信」トピックから生成されていると考え
られ，そのトピックで streams が用いられれば，データの流れの意味と考
えるのが自然である．このように，人は言葉を談話（あるいはトピック）に
基づいて理解していると考えられることから，次の仮説を立てることができ
る.

　　　仮説：　語の意味は語が現れるトピックを見ることで推測できる．そし
　　　　　　　てトピックは百科事典的知識の側面を反映する.

そこで本章ではこの仮説をもとに，BTM で算出されるトピックと語の意味
がどのように関係するのかを調査し，文脈中の意味，すなわち（いわゆる）
語用論的意味がコーパスで，どのように現れるのかを調査する方法を紹介す
る.

　コーパス言語学において，語の多義性を調査する手法はこれまでも多く考
案されてきた．では，本章がさらに新たな手法を提案する理由はあるのだろ
うか．百科事典的意味論の立場から多義を分析する手法の代表的なものとし
ては，Gries（2010）の behavioral profile（以下，BP）や Heylen et al.
(2015) が提案した語彙空間モデル（word space model）の拡張手法がある
(Hilpert and Saavedra（2017）も参照).Gries の手法は分析者が語の意味をタ
グ付けする必要があり，3.1 節で論じたようにタグの信頼性やタグ付与の再
現性の面で課題がある（統計的な課題は Kuznetsova（2015）参照）.Heylen ら

170

が利用した語彙空間モデルそのものは自然言語処理の分野では標準的な手法となっているものの，Heylen らの提案した手法は途中の計算で確率の平均値をとっており，その確率の平均値が何を意味するのか説明されていない。[11] そして，いずれの手法もトピックという側面から調査を行ったものではないため，上述した仮説を調査する上では BTM を用いるのが最適であろう。また，BTM は手法としても数理学的に保証されており，一貫したプロセスで計算することができる。[12] ただし，BTM と先行研究の手法は排他的なものではなく，補完しあう関係にあると考えられる。

## 6.3. ケーススタディ：Streams

本節では Kiyama and Shibuya（2021）に修正を加えた streams を例に見ていく。

量的手法には探索的な調査もあるが，まずは streams にはどのような意味があるのか，ある程度の検討をつけておく必要がある。5.1 節と 5.2 節のコロケーション統計の結果から，複数名詞 streams には「流体義」（＝(10a)），流体義からの比喩的拡張と考えられるデータの流れを表す「データ義」（＝(10b)），そして「金銭義」（＝(10c)）の 3 つがあると考えられる。

(10) a.　… the changes have the potential to cause environmental harm —especially to streams, wetlands and groundwater—from the removal of millions of tons of rock.　　　　　(2013-03-11)

　　 b.　… Android and iOS apps, which let users catch live streams of events, access stats and more from the comfort …

　　　　　　　　　　　　　　　　　　　　　　　　(2013-01-11)

---

[11] Heylen らの手法では確率の一種である自己相互情報量（pointwise mutual information, PMI）を使用している。当然ながら，確率の和は確率であるが，Heylen らは PMI の一部を利用しており，和が 1 にならないため，その確率の平均が何を意味するのか説明が必要である。

[12] 統計分析フリーソフト「R」で BTM パッケージが用意されており，多少の R 言語の知識を有した人ならば容易に使用できる。読者が希望する場合，筆者が作成した R 関数の一部をメールでやり取りすることも可能である。

c.　… environment actually and individuals protect themselves by creating these different <u>streams</u> of income.　　　(2014-11-04)

　本章では，streams には以上の 3 つの意味があるという前提から次の手続きを踏み，BTM を用いて解析した.

(i)　　2013 年から 2015 年までの NOW コーパス（米語データのみ）より streams を検索する. その際の検索範囲は 1 文中の前後 10 語，計 20 語とする.

(ii)　　重複データを除外

(iii)　ストップワードとターゲット語を除外[13]

(iv)　（iii）の処理によってデータを構成する語数が 5 語未満のデータを除外

(v)　　トピック数を 30 に指定し BTM で解析

　手続き（iv）に関して補足する. これはデータが持つ情報量の問題を考慮してのことである. たしかに BTM は短い文書を解析する手法ではあるが，あまりに情報量が少なすぎると解析精度も下がる. 例えば（11a）の場合，streams とストップワードを除外すると（11b）のように video, becoming, increasingly, popular の 4 語が残る.

(11)　a.　Video <u>streams</u> are becoming increasingly popular in the 2010s.

　　　b.　Video ~~streams are~~ becoming increasingly popular ~~in the 2010s~~.

この場合，コンコーダンスラインの情報が少なすぎるため解析データから除外した. 語数を増やせば情報量も増え解析精度も上がることが期待されるが，除外するデータも増えるため本章では 5 語未満とした.

　以上の手順から得られた結果が表 2 である. 紙幅の都合から各トピック

---

[13] ストップワードを除外しないほうが良いという考えもあるが（Brookes and McEnery (2019)），著者が行ったストップワードを含めた実験ではトピックのほとんどすべてが機能語の集合になってしまい，結果の解釈が不可能であった. そのため，語彙意味論の研究においてはそれらを除外するほうを推奨する.

に高確率で出現する上位5語に絞って表示した．表2の数字はトピック番号で，その横のラベルはトピックを構成する語から筆者が推測した streams の意味をラベル付けしたものである．例えば Topic 6 は rivers, water, wetlands, mountain(s) と地理的な概念が多く出現していることから液体の流れを表す streams であるといえよう．他方，Topic 7 は million, billion, video, Spotify, live といった動画・音楽ストリーミングに関連する語が上位に現れておりデータの流れを表す streams であることがわかる．また，Topic 25 は revenue や income, money が上位に現れており，金銭の流れを表すものとわかる．なお，Topic 1 については解釈が困難で，また本トピックから生成されたと考えられる文書の確率が極めて低いため，計算プロセスで偶然生成されたトピックであると考えられ「不明」とした．しかし他のトピックに関しては概ねラベリングできているだろう．

表2から，各トピックに対しラベルを付けると，BTM を用いた streams

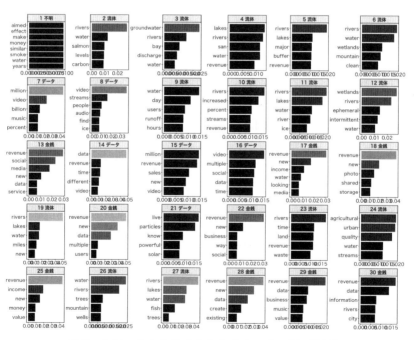

表2：トピックから生成された確率の高い語（降順）

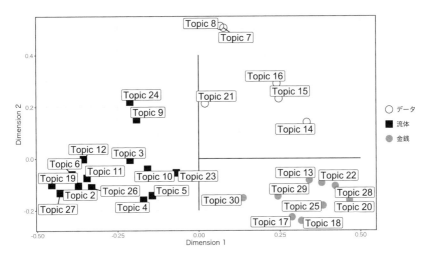

図 4 : 各トピックに高い出現確率を示す 20 語を用いた MDS (streams)

の調査でも，(10) で想定した 3 つの意味を確認できることがわかった．こ
れは質的なラベリングであったが，この解釈は統計的にも支持される．
BTM ではトピックに貢献する語彙群がどれほどの確率で各トピックに現れ
ているのかを算出する（表 1 の φ 値）．そこで，すべての φ 値からコサイン
類似度を求め，多次元尺度構成法（Multidimensional scaling, 以下，
MDS）で描画した．この結果が図 4 である（Topic 1 は図の視認性を高める
ために非表示とした）．この図で使用した各記号（■○●）は表 2 でラベリ
ングしたトピックに対応する．MDS は距離行列を用いており，離れていれ
ば離れているほど異なった特徴を持ち，近ければ近い特徴を持つ．それを踏
まえて散布図を見てみると，この散布図の左側には■のトピックが，右上に
は○が，そして右下には●がまとまっていて，質的に考察した時と同様に
streams は 3 つの意味に分類できることがわかる．

　また，MDS を用いることで各意味が現れる典型的なトピックと周辺的な
トピックも見えてくる．例えば流体義のクラスターを見てみると Topic 6
(−0.39, −0.06) や Topic 19 (−0.46, −0.1), Topic 27 (−0.43, −0.13)
は最も左側に位置している．これらのトピックを構成する語の上位 5 語は
rivers, water, wetlands, mountain(s), lakes, ponds で，流体義の中でも

特に自然環境の描写に関するトピックと強く結びついており，データ義や金銭義とは大きく異なった特徴を持つ．

(12)　… reaching and affects more than 100,000 miles of rivers and <u>streams</u>, close to 2.5 million acres of lakes, reservoirs, and ponds … (2015-8-12)

この例からもわかるように，自然環境に関するトピックで streams が生じる際は自然界における小川を表していると言えよう．一方で Topic 23 (−0.07，−0.05) の場合，トピックを構成する語彙の中にはデータ義あるいは金銭義と重複するものがある．このような場合，(13) のように環境汚染に関するトピックで用いられる傾向が強い．

(13) a.　… the study provides new data on the water quality of <u>streams</u> receiving discharged wastewater that can be used to …

(2013-9-4)

b.　… collect data on E. coli contamination in public <u>streams</u> and rivers that they allege is caused by industrial cattle …

(2015-5-20)

　Streams が指す意味は同じ流体義であっても，当該語は (12) の自然環境とは異なる科学に関するトピックで現れており，データ義と類似する．このように，トピックが連続的であるため，流体義であっても MDS 上ではデータ義の側に寄ってしまっていると考えられる．そしてこのようなトピックで用いられる streams は，「川」という意味では (12) と同じだが，データや検体の入手先，もしくは調査対象としての streams であり，(12) とは前景化される背景知識が異なっている．

　データ義に関しても同じことが言える．例えばデータ義で最も特徴的なトピックは Topic 7 (0.08, 0.5) や Topic 8 (0.07, 0.5) であり，これらを構成する語を見てみると video や music, audio といった語が目立つ．また実例を見ても，他の2つの意味とは全く関係のない内容であることが明らかである．

(14)　… more than a million album sales and seven million Spotify streams, official YouTube video views in the hundreds of millions, and …　(2014-6-25)

　一方で，Topic 14（0.3, 0.14）も上位に出現する語を見るとデータ義であると言えるが，MDS 上では金銭義に接近している．これはトピックを構成する語の中に revenue が出てきているためと考えられる．このように，たとえデータ義の 1 つであったとしても，（15）のように動画配信と収入の関係がより密接に関連しあったトピックに出現する場合もある．

(15)　… team salaries, brand sponsorships, and revenue pulled from their Twitch streams and YouTube videos.　(2014-06-02)

もちろん，（14）においても sales とあることから，収益に関する話題も含まれてはいるものの，（14）は売上を含む再生回数を話題にしている一方で（15）は収入源としてのデータストリーミングである点で，streams のどの知識を前景化しているのかは異なっている．

　さて，ここで 5.3 節にて論じた第 3 と第 4 の課題に立ち返ってみたい．まず分析の粒度について，たしかに BTM の結果（表 2）だけを見ていては t スコアと同じ問題に陥ってしまう．しかし $\phi$ 値から散布図を描き，どのようなクラスターを形成しているかを見ることで意味の粒度を決定することが可能である．また，同一クラスターの中でも，トピックごとに様々な（いわゆる）語用論的意味があるということを論じられる点で，BTM と MDS の組み合わせは百科事典的意味論と相性が良いというのがわかる．

　第 4 の文脈と意味の関係についての課題もトピックモデルと MDS の組み合わせで解決する．例えば「川」といえど，地理あるいは地形に関するテーマの中で現れる場合と，別なテーマで現れる場合とで区別することに成功した．また，データ義においても同様で，再生回数そのものを前景化した事例と，再生回数によって得られる収入を前景化した事例とで明確に区別することができた．

　一方で金銭義がコーパスの性質に大きく依存しているというのも重要な事

実である．本章では streams の主要意味として金銭義を取り上げたが，こ
れはオンラインニュースを資源とし，そのデータをトピックモデルで解析し
たからと考えられる．同じ手続きで映画コーパスや会話コーパスなどを分析
すると金銭義は出てこないかもしれない．そのため，なぜその意味が生じて
いるのかは，コーパスの性質や実例を十分に精査し考察していく必要もある．

　本節ではトピックモデルの手法を援用しアメリカ英語における複数形名詞
streams を解析した．その結果，t スコアで得られた 3 つは BTM でも得る
ことができた．そして BTM を用いることで，百科事典的知識のどの部分
を前景化しているのかというコロケーション統計の課題も克服することがで
きた．この調査結果はトピックという観点から意味を考察したことが貢献し
ていると考えられ，6.2 節で提示した仮説が支持される．

## 7.　まとめと教訓

　本章では認知意味論に立脚しコーパス言語学の手法を用いて英語複数名詞
streams の語用論的意味を解析した．本章の 5 節では，伝統的にコーパス言
語学で用いられてきたコロケーション統計を実践し，その手法の課題を論じ
た．その問題点を克服する手法として，6 節では BTM を紹介し，実践した．
BTM では t スコアで得られた 3 つの意味を特定することができた．しかし，
より細かな用例を見ていくと，t スコアでは捉えられなかった文脈と意味の
差や分析粒度の問題を解決することができた点で，BTM に軍配が上がる．
また，語の意味は語が用いられるトピックによって決まるという仮説に基づ
くと，BTM が語彙意味論研究に有効であることが示された．

　最後に意味研究をする上でコーパス言語学の注意点について簡単に触れて
おく．コーパスを用いた定量的な研究を始めたばかりの意味研究者は，統計
結果を提示するだけで調査を終えてしまわないように注意しなくてはならな
い．コーパス言語学において統計手法は手段にしか過ぎず，計算結果そのも
のが結論にはなりえない．本章で示したように，どのような立場からどの手
法を用いるのか，そして得られた統計結果と実例を何度も往復し解釈するこ
とがコーパス言語学には求められる．

# 参 考 文 献

秋田喜代美 (2016)「序章 今『保育』を考えるために」『あらゆる学問は保育につなが
る──発達保育実践政策学の挑戦』，山邉昭則・多賀厳太郎（編），1-14，東京大
学出版会，東京.

Anderson, Esben S. (1978) "Lexical Universals of Body-Part Terminology," *Universals of Human Language* vol. 3, ed. by Joseph H. Greenberg, Charles A. Ferguson, and Edith A. Moravcsik, 335-368, Stanford University Press, Stanford.

Arber, Edward, ed. (1869) *The Revelation to the Monk of Evesham*, Murray, London.

オースティン，J. L.，飯野勝己（訳）(2019)『言語と行為』講談社，東京.

Bateman, John A. (2008) *Multimodality and Genre*, Palgrave Macmillan, Basingstoke.

Berlin, Brent and Paul Kay (1969) *Basic Color Terms: Their Universality and Evolution*, University of California Press, Berkeley.

Biber, Douglas and Susan Conrad (2009) *Register, Genre, and Style*, Cambridge University Press, Cambridge.

Bisang, Walter (2004) "Grammaticalization without Coevolution of Form and Meaning as an Areal Phenomenon in East and Mainland Southeast Asia: The Case of Tense-aspect-mood (TAM)," *What Makes Grammaticalization? A Look from Its Components and Its Fringes*, ed. by Walter Bisang, Nikolaus Himmelmann and Björn Wiemer, 109-138, Mouton de Gruyter, Berlin.

Bisang, Walter (2011) "Grammaticalization and typology," *The Oxford Handbook of Grammaticalization*, ed. by Heiko Narrog and Bernd Heine, 105-117, Oxford University Press, New York.

Blei, David M., Andrew Y. Ng and Michael I. Jordan (2003) "Latent Dirichlet Allocation," *Journal of Machine Learning Research* 3, 993-1022.

Bolinger, Dwight (1977) *Meaning and Form*, Longman, London.

Brems, Lieselotte (2011) *Layering of Size and Type Noun Constructions in English*, Mouton de Gruyter, Berlin.

Brems, Lieselotte and Kristin Davidse (2010) "The Grammaticalisation of Nominal Type Noun Constructions with *Kind/Sort of*: Chronology and Paths of Change," *English Studies* 91(2), 180-202.

Brinton, Laurel J. (2017) *The Evolution of Pragmatic Markers in English*: *Pathways of Change*, Cambridge University Press, Cambridge.

Broccias, Cristiano (2004) "Towards a History of English Resultative Constructions: The Case of Adjectival Resultative Constructions," *English Language and Linguistics* 12(1), 27–54.

Brookes, Gavin and Tony McEnery (2019) "The Utility of Topic Modelling for Discourse Studies: A Critical Evaluation," *Discourse Studies* 21, 3–21.

Brown, Penelope (2014) "The Cultural Organization of Attention," *The Handbook of Language Socialization*, ed. by Alessandro Duranti, Elinor Ochs and Bambi B. Schieffelin, 29–55, Wiley-Blackwell, Malden, MA.

Bybee, Joan L. (2013) "Usage-Based Theory and Exemplar Representations of Constructions," *The Oxford Handbook of Construction Grammar*, ed. by Thomas Hoffmann and Graeme Trousdale, 49–69, Oxford University Press, Oxford.

Bybee, Joan L. (2015) *Language Change*, Cambridge University Press, Cambridge.

Bybee, Joan L. and William Pagliuca (1986) "The Evolution of Future Meaning," *Papers from the Seventh International Conference on Historical Linguistics*, ed. by Anna Giacalone Ramat, Onofrio Carruba and Giuliano Bernini, 108–122, John Benjamins, Amsterdam.

Bybee, Joan L., Revere Perkins and William Pagliuca (1994) *The Evolution of Grammar: Tense, Aspect and Modality in the Languages of the World*, University of Chicago Press, Chicago.

Cameron-Faulkner, Thea (2014) "The Development of Speech Acts," *Pragmatic Development in First Language Acquisition*, ed. by Danielle Mathews, 37–52, John Benjamins, Amsterdam.

Chapman, Siobhan (2011) *Pragmatics*, Palgrave Macmillan, Basingstoke.

Clark, Eve V. (2001) "Grounding and Attention in Language Acquisition," *Proceedings from the Main Session of the Thirty-Seventh Meeting of the Chicago Linguistics Society* 37(1), 95–116.

Clark, Eve V. (2003) *First Language Acquisition*, Cambridge University Press, Cambridge.

Clark, Eve V. (2014) "Two Pragmatic Principles in Language Use and Acquisition," *Pragmatic Development in First Language Acquisition*, ed. by Danielle Matthews, 105–120, John Benjamins, Amsterdam.

コムリー, バーナード, 松本克己・山本秀樹 (訳) (1992)『言語普遍性と言語類型論——統語論と形態論——』ひつじ書房, 東京.

Comrie, Bernard (2002) "Typology and Language Acquisition: The Case of Relative Clauses," *Typology and Second Language Acquisition*, ed. by Giacalone A. Ramat, 19–37, Mouton de Gruyter, Berlin.

Comrie, Bernard and Kaoru Horie (1995) "Complement Clauses versus Relative

Clauses: Some Khmer Evidence," ed. by Werner Abraham, T. Givón and Sandra A. Thompson, *Discourse Grammar and Typology*, 65-75, John Benjamins, Amsterdam.

Croft, William (1993) "The Role of Domains in the Interpretation of Metaphors and Metonymies," *Cognitive Linguistics* 4, 335-370.

Croft, William and Alan Cruse (2004) *Cognitive Linguistics*, Cambridge University Press, Cambridge.

Cruse, Alan (1986) *Lexical Semantics*, Cambridge University Press, Cambridge.

Cruse, Alan (2011) *Meaning in Language: An Introduction to Semantics and Pragmatics*, 3rd ed., Oxford University Press, Oxford.

Culicover, Peter W. and Ray Jackendoff (2005) *Simpler Syntax*, Oxford University Press, Oxford.

Cutting, Joan (2002) *Pragmatics and Discourse,* Routledge, London and New York.

Dąbrowska, Ewa (2010) "Naive v. Expert Intuitions: An Empirical Study of Acceptability Judgments," *The Linguistic Review* 27, 1-23.

Danchev, Andrei and Merja Kytö (1994) "The Construction *Be Going to + infinitive* in Early Modern English," *Studies in Early Modern English*, ed. by Dieter Kastovsky, 59-77, Mouton de Gruyter, Berlin.

Davies, Mark (2008-) The Corpus of Contemporary American English (COCA): One Billion Words, 1990-2019. Available online at https://www.english-corpora.org/coca/

Davies, Mark (2016-) *Corpus of News on the Web (NOW): 10 Billion Words from 20 Countries, Updated Every Day*. Available online at https://www.english-corpora.org/now/.

De Wit, Astrid, Adeline Patard and Frank Brisard (2013) "A Contrastive Analysis of the Present Progressive in French and English," *Studies in Language* 37(4), 846-879.

Degand, Liesbeth and Jacqueline Evers-Vermeul (2015) "Grammaticalization or Pragmaticalization of Discourse Markers?" *Journal of Historical Pragmatics* 16 (1), 59-85.

Denison, David (2002) "History of the *Sort of* Construction Family," Paper Presented at ICCG 2, Helsinki, 6-8 September 2002. Online draft version available from https://www.humanities.manchester.ac.uk/medialibrary/llc/files/david-denison/Helsinki_ICCG2.pdf

Denison, David (2005) The Grammaticalisation of *Sort of, Kind of* and *Type of* in English," Paper Presented at New Reflections on Grammaticalization 3, Santiago de Compostela, 17-20 July 2003.

Eggins, Suzanne (2004) *An Introduction to Systemic Functional Linguistics*, 2nd ed., Continuum, New York and London.

Evans, Nicholas (2011) "Semantic Typology" *The Oxford Handbook of Linguistic Typology*, ed. by Jae Jung Song, 504–533, Oxford University Press, New York.

Firth, John R. (1957) "A Synopsis of Linguistic Theory," *Studies in Linguistic Analysis*, Basil Blackwell, Oxford.

Fischer, Olga (2007) *Morphosyntactic Change: Functional and Formal Perspectives*, Oxford University Press, Oxford.

深田智（2018）「"Let's＋移動動詞"表現と子どもの運動能力及び社会性の発達」『日本認知言語学会論文集』第 18 巻，555–560.

Fukada, Chie (2018) "'Let's go' in Child Development," Paper presented at the tenth International Conference on Construction Grammar (ICCG 10), Sorbonne Nouvelle University-Paris 3, July 16–18, Paris, France.

深田智（2020a）「ことばとうごきで響き合い，つながる：人どうしのインタラクションの始まりとその発展の解明に向けて」『ことばから心へ――認知の深淵――』，米倉よう子・山本修・浅井良策（編），397–409，開拓社，東京.

深田智（2020b）「第 9 章 言語習得の世界」『はじめて学ぶ認知言語学：ことばの世界をイメージする 14 章』，児玉一宏・谷口一美・深田智（編著），171–191，ミネルヴァ書房，京都.

Gallego, Ángel J. (2010) *Phase Theory*, John Benjamins, Amsterdam.

Garrett, Andrew (2012) "The Historical Syntax Problem: Reanalysis and Directionality," *Grammatical Change: Origins, Nature, Outcomes*, ed. by Dianne Jonas, John Whitman, and Andrew Garret, 52–72, Oxford University Press, Oxford.

Geeraerts, Dirk (1993) "Vagueness's Puzzles, Polysemy's Vagaries," *Cognitive Linguistics* 4, 223–272.

Gildea, Spike and Jóhanna Barðdal (2020) "From Grammaticalization to Diachronic Construction Grammar: A Natural Evolution of the Paradigm," manuscript in preparation. Available at: https://www.researchgate.net/publication/344176404_From_Grammaticalization_to_Diachronic_Construction_Grammar_A_Natural_Evolution_of_the_Paradigm. 2020 年 10 月 1 日アクセス.

Glynn, Dylan and Justyna A. Robinson, eds. (2014) *Corpus Methods for Semantics: Quantitative Studies in Polysemy and Synonymy*, John Benjamins Publishing Company, Amsterdam.

Goddard, Cliff and Anna Wierzbicka (2014) *Words and Meanings: Lexical Semantics across Domains, Languages, and Cultures*, Oxford University Press, New York.

Goldberg, Adele E. (1995) *Constructions: A Construction Grammar Approach to Argument Structure,* University of Chicago Press, Chicago.

Greenberg, Joseph H. (1966) "Some Universals of Grammar with Particular Reference to the Order of Meaningful Elements," *Universals of Language*, ed. by Joseph H. Greenberg, 73–113, MIT Press, Cambridge, MA.

Grice, Paul (1975) "Logic and Conversation," *Syntax and Semantics*, vol. 3, ed. by P. Cole and J. L. Morgan, 41–58, Academic Press, New York.

Gries, Stefan Th. (2010) "Behavioral Profiles: A Finer-Grained and Quantitative Approach in Corpus-Based Lexical Semantics," *The Mental Lexicon* 5, 323–346.

萩原広道 (2018)「ことばの基盤としての身体――環境のインタラクション」『日本認知言語学会論文集』第 18 巻，561–566.

Haiman, John (1980) "Dictionaries and Encyclopedias," *Lingua* 50, 329–357.

Halliday, M. A. K. (1961) "Categories of the Theory of Grammar," *Word* 17(2), 241–292

Halliday, M. A. K. (1978) *Language as Social Semiotic*, Arnold, London.

Halliday, M. A. K. (1985) *An Introduction to Functional Grammar,* Arnold, London.

ハリデー , M. A. K., 山口登・筧壽雄 (訳) (2001)『機能文法概説』くろしお出版，東京.

Halliday, M. A. K. (2013) *Collected Works of M. A. K. Halliday, Vol. 11: Halliday in the 21st Century*, ed. by Jonathan. J. Webster, Bloomsbury, London.

Halliday, M. A. K. and Christian M. I. M. Matthiessen (2014) *Halliday's Introduction to Functional Grammar*, 4th ed., Routledge, London.

Halliday, M. A. K. and Ruqaiya Hasan (1976) *Cohesion in English,* Longman, London and New York.

Halliday, M. A. K. and Ruqaiya Hasan (1989) *Language, Context and Text: Aspects of Language in a Social-semiotic Perspective,* Oxford University Press, Oxford.

Halliday, M. A. K. and William Greaves (2008) *Intonation in the Grammar of English*, Equinox, London

浜田寿美男 (1995)『意味から言葉へ』ミネルヴァ書房，京都.

Harris, Zellig S. (1954) "Distributional Structure," *Word* 10, 146–162.

Heine, Bernd and Tania Kuteva (2002) *World Lexicon of Grammaticalization*, Cambridge University Press, Cambridge.

Heine, Bernd and Tania Kuteva (2006) *The Changing Languages of Europe*, Oxford University Press, New York.

Heylen, Kris, Thomas Wielfaert, Dirk Geeraerts and Dirk Speelman (2015) "Monitoring Polysemy: Word Space Models as a Tool for Large-Scale Lexical Semantic Analysis," *Lingua* 157, 153–172.

Higashiizumi, Yuko (2006) *From a Subordinate Clause to an Independent Clause: A History of English Because-clause and Japanese Kara-clause*, Hituzi Syobo, Tokyo.

Hilpert, Martin (2008) *Germanic Future Constructions: A Usage-based Approach to Language Change*, Benjamins, Amsterdam.

182

Hilpert, Martin (2013) *Constructional Change in English: Development in Allo-morphy, Word Formation, and Syntax*, Cambridge University Press, Cambridge.

Hilpert, Martin and David Correia Saavedra (2017) "Using Token-based Semantic Vector Spaces for Corpus-linguistic Analyses: From Practical Applications to Tests of Theoretical Claims," *Corpus Linguistics and Linguistic Theory* 16, 393–424.

廣瀬幸生 (1992)「Because のメタ言語的機能について」『英語音声学と英語教育——島岡丘教授還暦記念論文集』, 81–85, 開隆堂, 東京.

Hoffmann, Sebastian, Stefan Evert, Nicholas Smith, David Less and Ylva Berglund Prytz (2008) *Corpus Linguistics with «BNCweb» – a Pragtical Guide,* Peter Lang Publishing Company, Bern.

本多啓 (2005)『アフォーダンスの認知意味論』東京大学出版会, 東京.

Hopper, Paul (1987) "Emergent Grammar," *BLS* 13, 139–157.

Hopper, Paul (1991) "On Some Principles of Grammaticization," *Approaches to Grammaticalization* Vol. 1, ed. by Elizabeth Closs Traugott and Bernd Heine, 17–35, John Benjamins, Amsterdam.

Hopper, Paul and Elizabeth Closs Traugott (2003) *Grammaticalization*, 2nd ed., Cambridge University Press, Cambridge.

Horie, Kaoru (1997) "Form-Meaning Interaction in Diachrony: A Case Study from Japanese," *English Linguistics* 14, 428–449.

堀江薫・プラシャント＝パルデシ (2009)『言語のタイポロジー——認知類型論のアプローチ』研究社, 東京.

堀江薫 (2016)「対照語用論」『語用論研究ガイドブック』, 加藤重広・滝浦真人 (編), 133–157, ひつじ書房, 東京.

堀江薫・秋田喜美・北野浩章 (2021)『言語類型論』(最新英語学・言語学シリーズ 12) 開拓社, 東京.

Huang, Yan (2014) *Pragmatics*, 2nd ed., Oxford University, Oxford.

Hunston, Suzan (2002) *Corpora in Applied Linguistics*, Cambridge University Press, Cambridge.

井庭崇・福原義久 (1998)『複雑系入門』NTT 出版, 東京.

池上嘉彦 (2000)『「日本語論」への招待』講談社, 東京.

池上義彦 (2011)「日本語と主観性・主体性」『主観性と主体性』, 澤田治美 (編), 49–67, ひつじ書房, 東京.

池内正幸 (2010)『ひとのことばの起源と進化』開拓社, 東京.

今井邦彦 (2015)『言語理論としての語用論』開拓社, 東京.

今井むつみ (2013)『ことばの発達の謎を解く』筑摩書房, 東京.

今井むつみ・針生悦子 (2014)『言葉をおぼえるしくみ』筑摩書房, 東京.

石川慎一郎 (2006)「言語コーパスからのコロケーション検出の手法——基礎的統計値について——」『統計数理研究所共同研究レポート』, 190 巻, 1–28.

石川慎一郎・前田忠彦・山崎誠（編）（2010）『言語研究のための統計入門』くろしお出版，東京.

Iverson, Jana M.（2010）"Developing Language in a Developing Body: The Relationship between Motor Development and Language Development," *Journal of Child Language* 37, 229-261.

岩立志津夫・小椋たみ子（編）（2017）『よくわかる言語発達（改訂新版）』ミネルヴァ書房，京都.

Jackendoff, Ray（2002）*Foundations of Language*, Oxford University Press, Oxford.

Janda, Richard D. and Brian D. Joseph（2003）"On Language, Change, and Language Change—Or, Of History, Linguistics, and Historical Linguistics," *Handbook of Historical Linguistics*, ed. by Brian D. Joseph and Richard D. Janda, 3-180, Blackwell, Oxford.

Johnson, Mark（1987）*The Body in the Mind: The Bodily Basis of Meaning, Imagination, and Reason*, University of Chicago Press, Chicago.

金杉高雄・岡智之・米倉よう子（2013）『認知歴史言語学』くろしお出版，東京.

Kanetani, Masatu（2015）"On the New Usage of Because," *Studies in Language and Literature* 68, 63-79.

Kashiwadate, Kei, Tetsuya Yasuda, Koji Fujita, Kita Sotaro and Harumi Kobayashi（2020）"Syntactic Structure Influences Speech-Gesture Synchronization," *Letters on Evolutionary Behavioral Science* 11(1), 10-14.

加藤重広（2014）『日本人も悩む日本語：ことばの誤用はなぜ生まれるのか？』朝日新聞出版，東京.

Kauffman, Stuart A.（2019）*A World Beyond Physics: The Emergence and Evolution of Life*, Oxford University Press, Oxford.

Keenan, Edward and Bernard Comrie（1977）"Noun Phrase Accessibility Hierarchy and Universal Grammar," *Linguistic Inquiry* 8, 63-99.

Kelly, Barbara F.（2006）"The Development of Constructions Through Early Gesture Use," *Constructions in Acquisition*, ed. by Eve V. Clark and Barbara F. Kelly, 15-30, CSLI Publications, Stanford.

Kemmer, Suzanne and Michael Barlow（2000）"Introduction: A Usage-Based Conception of Language," *Usage Based Models of Language*, ed. by Michael Barlow and Suzanne Kemmer, vii-xxviii, CSLI Publications, Stanford.

Killie, Kristin（2014）"The Development of the English be + V-*ende*/V-*ing* Periphrasis: From Emphatic to Progressive Marker?" *English Language and Linguistics* 18(3), 361-386.

喜多壮太郎（2008）「第3章 身振りとことば」『新・子どもたちの言語獲得』，小林春美・佐々木正人（編），71-88，大修館書店，東京.

Kiyama, Naoki and Shibuya Yoshikata（2021）"Applying Topic Models to Study

184

Polysemy: The Case of the Noun *Streams*,"『日本認知言語学会論文集』第 21 巻, 291–303.

クロヤン，ルイザ・堀江薫（2020）「アルメニア語の不定形動詞による名詞修飾表現の成立に関わる語用論的要因 ── 日本語との対照を通して ──」『日本認知言語学会論文集』第 19 巻，210–222.

Kress, Gunther（2010）*Multimodality*. Routledge, London and New York.

Kretzschmar, William A., Jr.（2015）"Complex Systems in the History of American English," D*evelopments in English: Expanding Electronic Evidence*, ed. by Irma Taavitsainen, Merja Kytö, Claudia Claridge and Jeremy Smith, 251–264, Cambridge University Press, Cambridge.

鯨岡峻（2006）『ひとがひとをわかるということ：間主観性と相互主体性』ミネルヴァ書房，京都.

熊谷高幸（2006）『自閉症：私とあなたが成り立つまで』ミネルヴァ書房，京都.

Kuteva, Tania, Bernd Heine, Bo Hong, Haiping Long, Heiko Narrog and Seongha Rhee（2019）*World Lexicon of Grammaticalization*, Second, extensively revised and updated edition, Cambridge University Press, Cambridge.

久良木優太・宮澤貴・青木達哉・堀井隆斗・長井隆行（2020）「Cross-modal BERT: Self-Attention によるマルチモーダル情報表現の獲得と相互予測」『2020 年度人工知能学会全国大会（第 34 回）論文集』，1Q3-GS-11-04.

Kuznetsova Julia（2015）*Linguistic Profiles: Going from Form to Meaning via Statistics*, Mouton de Gruyter, Berlin.

Lakoff, George（1987）*Women, Fire, and Dangerous Things: What Categories Reveal about the Mind*, University of Chicago Press, Chicago.

Langacker, Ronald W.（1985）"Observations and Speculations on Subjectivity," *Iconicity in Syntax*, ed. by John Haiman, 109–150, John Benjamins, Amsterdam.

Langacker, Ronald（1987）*Foundations of Cognitive Grammar*, Vol. 1: *Theoretical Prerequisites*, Stanford University Press, Stanford.

Langacker, Ronald W.（1990）*Concept, Image and Symbol*, Mouton de Gruyter, Berlin.

Langacker, Ronald W.（2000）"A Dynamic Usage-Based Model," *Usage Based Models of Language*, ed. by Michael Barlow and Suzanne Kemmer, 1–63, CSLI Publications, Stanford.

Langacker, Ronald W.（2008）*Cognitive Grammar*, Oxford University Press, Oxford.

Langacker, Ronald W.（2009）*Investigations in Cognitive Grammar*, Mouton de Gruyter, Berlin.

Langacker, Ronald W.（2015）"Construal," *Handbook of Cognitive Linguistics*, ed. by Ewa Dabrowska and Dagmar Divjak, 120–143, De Gruyter Mouton, Berlin.

李載賢・堀江薫（2020）「日本語の「相対」名詞修飾節における推論の役割 ──『基準

点』の補正に関して——」『*KLS Selected Papers* 2（関西言語学会）』，43-57.

Lehmann, Christian（1995 [1982]）*Thoughts on Grammaticalization*, Lincom Europa, Munich.

Lehmann, Christian（2002）*Thoughts on Grammaticalization: A Progmmatic Sketch*, Second Edition, rev. [Arbeitspapiere des Seminars für Sprachwissenschaft der Universität Erfurt 9], University of Erfurt, Erfurt.

Levinson, Stephen C.（1983）*Pragmatics*, Cambridge University Press, Cambridge.

Levinson, Stephen C. Sarah Cutfield, Michael J. Dunn, N. J. Enfield and Sérgio Meira, eds.（2018）*Demonstratives in Cross-linguistic Perspective*, Cambridge University Press, Cambridge.

Levshina, Natalia（2015）*How to do Linguistics with R: Data Exploration and Statistical Analysis,* John Benjamins, Amsterdam.

Li, Charles, ed.（1975）*Word Order and Word Order Change*, University of Texas Press, Austin.

Li, Charles, ed.（1976）*Subject and Topic*, Academic Press, New York.

Lightfoot, David（1999）*The Development of Language: Acquisition, Change, and Evolution*, Blackwell, Oxford.

López-Couso, María José and Belén Méndez-Naya（2014）"On the Origin of Parenthetical Constructions: Epistemic/Evidential Parentheticals with *Seem* and Impersonal *Think*," *Diachronic Corpus Pragmatics*, ed. by Irma Taavitsainen, Andreas H. Jucker and Jukka Tuominen, 189-212, John Benjamins, Amsterdam.

町田章（2012）「主観性と見えない参与者の可視化——客体化の認知プロセス——」『日本認知言語学会論文集』第 12 巻，246-258.

町田章（2016）「認知図式と日本語認知文法——主観性・主体性の問題を通して——」『認知言語学論考』13，35-70，ひつじ書房，東京.

町田章（2020）「間主観性の類型とグラウンディング——いわゆる項の省略現象を中心に」『英語学の深まり，英語学からの広がり』，南佑亮，本田隆裕，田中英理（編著），245-258，英宝社，東京.

町田健（2015）『ソシュールと言語学』講談社，東京.

MacWhinney, Brian（2000）. *The CHILDES Project: Tools for Analyzing Talk*, 3rd ed., Lawrence Erlbaum Associates, Mahwah, NJ.

Malloch, Stephen N. 1999. "Mothers and Infants and Communicative Musicality," *Musicæ Scientiæ: Special Issue 1999-2000*, 29-57.

Mandler, Jean M.（2004）*The Foundations of Mind: Origins of Conceptual Thought*, Oxford University Press, Oxford.

Mandler, Jean M.（2005）"How to Build a Baby III: Image Schemas and the Transition to Verbal Thought," *From Perception to Meaning: Image Schemas in Cognitive Linguistics*, ed. by Beate Hampe, 137-163, Mouton de Gruyter, Berlin.

Margerie, Hélèna (2010) "On the Rise of (Inter) subjective Meaning in the Gram-maticalization of *Kind of / Kinda*," *Subjectification, Intersubjectification and Grammaticalization*, ed. by Kristin Davidse, Lieven Vandelanotte and Hubert Cuyckens, 313-346, Mouton de Gruyter, Berlin.

Markman, Arthur B. (1999) *Knowledge Representation*, Lawrence Erlbaum Associ-ates, Mahwah, NJ.

Martin, J. R. and P. White (2005) *The Language of Evaluation,* Palgrave, New York.

Matsumoto, Yo (2003) "Typologies of Lexicalization Patterns and Event Integra-tion: Clarifications and Reformulations," *Empirical and Theoretical Investiga-tions into Language: A Festschrift for Masaru Kajita*, ed. by Shuji Chiba et al., 403-418, Kaitakusha, Tokyo.

松本曜 (2017)「第 1 章　移動表現の類型に関する課題」『移動表現の類型論』，松本曜 (編)，1-24，くろしお出版，東京．

松本曜 (編) (2017)『移動表現の類型論』くろしお出版，東京．

松本善子 (1993)「日本語の名詞修飾節構造の語用論的考察」『日本語学』第 12 巻 12 号，101-114．

Matsumoto, Yoshiko (1997) *Noun-Modifying Constructions in Japanese: A Frame-Semantic Approach*, John Benjamins, Amsterdam.

松本善子 (2014)「日本語の名詞修飾節構文 ── 他言語との対照を含めて」『日本語複文構文の研究』，益岡隆志・大島資生・橋本修・堀江薫・前田直子・丸山岳彦 (編)，559-590，ひつじ書房，東京．

Matsumoto, Yoshiko, Bernard Comrie and Peter Sells, eds. (2017) *Noun-Modifying Clause Constructions in Languages of Eurasia: Rethinking Theoretical and Geographical Boundaries*, John Benjamins, Amsterdam.

Matthiessen, Christian M. I. M. (1995) *Lexicogrammatical Cartography: English Systems*, International Language Sciences Publishers, Tokyo.

McEnery, Tony and Andrew Hardie (2012) *Corpus Linguistics: Method, Theory and Practice*, Cambridge University Press, Cambridge.

Meillet, Antoine (1912) "L'evolution des Forms Grammaticales," *Scientia* (*Rivista di Scienza*) 12, no. 26, 6, 130-148.

Mey, Jacob L. (2001) *Pragmatics,* 2nd ed., Blackwell, Malden, MA.

Mitchell, Bruce (1985) *Old English Syntax*, vol. 1, Clarendon Press, Oxford.

宮崎清孝・上野直樹 (1985)『視点』東京大学出版会，東京．

宮澤和貴・青木達哉・堀井隆斗・長井隆行 (2020)「Self-Attention による物体概念の形成」『第 38 回日本ロボット学会学術講演会論文集』，1C2-05．

森田笑 (2008)「相互行為における協調の問題 ── 相互行為助詞「ね」が明示するもの」『社会言語科学』10(2)，42-54．

Mossé, Ferdinand（1938）*Histoire de la Forme Périphrastique Être + Participe Présent en Germanique*, Klincksieck, Paris.

長井隆行・青木達哉・中村友昭（2016）「言語を理解するロボット実現への確率ロボティクス的アプローチ」『システム／制御／情報』第 60 巻 12 号，534-540.

Nagai, Yukie, Akiko Nakatani, Qin Shibo, Hiroshi Fukuyama, Masako Myowa-Yamakoshi and Minoru Asada（2012）"Co-Development of Information Transfer within and between Infant and Caregiver," *Proceedings of the 2012 IEEE International Conference on Development and Learning and Epigenetic Robotics (ICDL), San Diego, CA: IEEE*, 1-6. doi: 10.1109/DevLrn.2012.6400879.

中村芳久・上原聡（編著）（2016）『ラネカーの（間）主観性とその展開』開拓社，東京.

中村芳久（2019）「認知と歴史言語学——文法化・構文化と認知の関係」『歴史言語学』8, 91-111.

中尾俊夫・児馬修（1990）『歴史的にさぐる現代の英文法』大修館書店，東京.

成田一（1994）「連体修飾節の構造特性と言語処理——日本語らしい表現の機械翻訳と応用技術——」『日本語の名詞修飾表現——言語格，日本語教育，機械翻訳の接点』，田窪行則（編），67-126，くろしお出版，東京.

Narrog, Heiko（2002）"Polysemy and Indeterminacy in Modal Markers: The Case of Japanese *Beshi*," *Journal of East Asian Linguistics* 11(2), 123-167.

Narrog, Heiko（2005）"Modality, Mood and Change of Modal Meanings: A New Perspective," *Cognitive Linguistics* 16(4), 677-731.

Narrog, Heiko（2012）*Modality, Subjectivity and Semantic Change: A Cross-Linguistic Perspective*, Oxford University Press, New York.

Narrog, Heiko and Bernd Heine, eds.（2011）*The Oxford Handbook of Grammaticalization*, Oxford University Press, Oxford.

Narrog, Heiko and Bernd Heine（2018）"Introduction: Typology and Grammaticalization," *Grammaticalization from a Typological Perspective*, ed. by Heiko Narrog and Bernd Heine, 1-15, Oxford University Press, New York.

Newmeyer, Frederick J.（1998）*Language Form and Language Function*, MIT Press, Cambridge, MA.

Nisbett, Richard E.（2003）*The Geography of Thought: How Asians and Westerners Think Differently … and Why*, Free Press, New York.

Núñez-Pertejo, Paloma（2004）"Some Developments in the Semantics of the English Progressive from Old English to Early Modern English," *Revista Alicantina de Estudios Ingleses* 17, 6-39.

O'Halloran, Kay L.（2004）*Multimodal Discourse Analysis*, Continuum, London and New York.

小椋たみ子（2008）「第 8 章 障害児のことばの発達」『新・子どもたちの言語獲得』，小林春美・佐々木正人（編），201-229, 大修館書店，東京.

188

大橋浩 (2018a)「文法化はなぜ認知言語学の問題になるのだろうか？」『認知言語学とは何か――あの先生に聞いてみよう』，高橋英光・野村益寛・森雄一（編），113-131，くろしお出版，東京.

大橋浩 (2018b)「Big Time 再考」『認知言語学研究の広がり』，大橋浩・川瀬義清・古賀恵介・長加奈子・村尾治彦（編），51-67，開拓社，東京.

大阪保育研究所（編）(2011)『子どもと保育 改訂版 0 歳児』；『子どもと保育 改訂版 1 歳児』；『子どもと保育 改訂版 2 歳児』；『子どもと保育 改訂版 3 歳児』；『子どもと保育 改訂版 4 歳児』；『子どもと保育 改訂版 5 歳児』かもがわ出版，京都.

Özçalışkan, Şeyda (2009) "Learning to Talk about Spatial Motion in Language-Specific Ways," *Crosslinguistic Approaches to the Psychology of Language*, ed. by Jiansheng Guo, Elena Lieven, Nancy Budwig, Susan Ervin-Tripp, Keiko Nakamura and Şeyda Özçalışkan, 263-276, Psychology Press, New York.

大関浩美 (2008)『第一・第二言語における日本語名詞修飾節の習得過程』くろしお出版，東京.

大薗正彦 (2018)「ドイツ語の事態把握をめぐって――日独英対照の観点から――」『ことばのパースペクティヴ』，中村芳久教授退職記念論文集刊行会（編），28-40，開拓社，東京.

Paltridge, Brian (2012) *Discourse Analysis,* Bloomsbury, London.

パルデシ，プラシャント・堀江薫（編）(2020)『日本語と世界の言語の名詞修飾表現』ひつじ書房，東京.

Paton, W. F. (1971) *Ambrym (Lonwolwol) Grammar*, Australian National University, Canberra.

Pustejovsky, James (1998) *The Generative Lexicon*, MIT Press, Cambridge, MA.

Quirk, Randolph, Sidney Greenbaum, Geoffrey Leech and Jan Svartvik (1985) *A Comprehensive Grammar of the English Language*, Longman, London.

Rebotier, Aude (2019) "The Grammaticalization of Tenses and Lexical Aspect: The Case of German and French Perfects," *The Grammaticalization of Tense, Aspect, Modality and Evidentiality: A Functional Perspective*, ed. by Kees Hengeveld, Heiko Narrog and Helta Olbettz, 241-272, De Gruyter Mouton, Berlin.

Reddy, Vasudevi (2008) *How Infants Know Minds*, Harvard University Press, Harvard.［佐伯胖（訳）(2015)『驚くべき乳幼児の心の世界――「二人称的アプローチ」から見えてくること――』ミネルヴァ書房，京都.］

Rissanen, Matti (1999) "Syntax," *The Cambridge History of the English Language*, Vol. III (1476-1776), ed. by Roger Lass, 187-331, Cambridge University Press, Cambridge.

Rutherford, William E. (1970) "Some Observations Concerning Subordinate Clauses in English," *Language* 46, 97-115.

澤田淳 (2011)「日本語のダイクシス表現と視点，主観性」『主観性と主体性』，澤田治美（編），165-192，ひつじ書房，東京.

シュレッペグレル，M. J.，石川彰・佐々木真・奥泉香・小林一貴・中村亜希・水澤
祐美子（訳）（2017）『学校教育の言語』ひつじ書房，東京.

Searle, John R. (1975) "A Taxonomy of Illocutionary Acts," *Language, Mind and Knowledge*, Vol. 7, 344-369, University of Minnesota Press, Minneapolis.

Shibuya, Yoshikata (2020) "Examining the Analytic Shift Hypothesis in the English Comparative Constructions: A Corpus-Based Diachronic Study of Register Variation,"『認知言語学研究』第 5 巻，1-26.

Shields, Kenneth Jr. (2004) "The Emergence of the Dual Category in Indo-European: A "New Image" and Typological Perspective," *Indogermanische Forschungen* 109, 21-30.

Simpson, John A. and Edmund S. C. Weiner, prepared (1989) *The Oxford English Dictionary*, Second Edition on CD-ROM Version 4.0 (2009), Clarendon Press, Oxford. [OED]

Slobin, Dan I. (2000) "Verbalized Events: A Dynamic Approach to Linguistic Relativity and Determinism," *Evidence for Linguistic Relativity*, ed. by Susanne Niemeier and René Dirven, 107-138, John Benjamins, Amsterdam.

杉原隆・河邉貴子（編著）（2014）『幼児期における運動発達と運動遊びの指導――遊びのなかで子どもは育つ――』ミネルヴァ書房，京都.

Sweetser, Eve E. (1990) *From Etymology to Pragmatics: Metaphorical and Cultural Aspects of Semantic Structure*, Cambridge University Press, Cambridge.

Talmy, Leonard (1991) "Path to Realization," *BLS* 17, 480-519.

Talmy, Leonard (2000a) *Toward a Cognitive Semantics*, vol. 1: *Concept Structuring Systems*, MIT Press, Cambridge, MA.

Talmy, Leonard (2000b) *Toward a Cognitive Semantics*, vol. 2: *Typology and Process in Concept Structuring*, MIT Press, Cambridge, MA.

Tang, Jian, Meng Zhaoshi, Nguyen XuanLong, Mei Qiaozhu and Zhang Ming (2014) "Understanding the Limiting Factors of Topic Modeling via Posterior Contraction Analysis," *Proceedings of the 31st International Conference on Machine Learning* 32, 190-198.

龍城正明（2004）「Communicative Unit によるテーマ分析――The Kyoto Grammar の枠組みで」『同志社大学英語英文学研究』vol. 76, 1-20.

龍城正明（編）（2006）『ことばは生きている』くろしお出版，東京.

Taylor, John R. (2002) *Cognitive Grammar*, Oxford University Press, Oxford.

Taylor, John R. (2012a) *The Mental Corpus*, Oxford University Press, Oxford.

Taylor, John R. (2012b) "Contextual Salience, Domains, and Active Zones," *Cognitive Pragmatics*, ed. by Hans-Jörg Schmid, 151-174, Mouton de Gruyter, Berlin.

寺村秀夫（1992）「連体修飾節のシンタクスと意味」『寺村秀夫論文集――日本語文法編――』, 157-320, くろしお出版，東京.

190

Terasawa, Jun (1997) "The Passive as a Perfect in Old English," *The Locus of Meaning: Papers in Honor of Yoshihiko Ikegami*, ed. by Keiichi Yamanaka and Toshio Ohori, 305–324, Kurosio, Tokyo.

Teruya, Kazuhiro (2007) *A Systemic Functional Grammar of Japanese*, Vol. 1, 2, Continuumn, London.

Thompson, Geoff, Wendy L. Boucher, Lise Fontaine and David. Schönthal, eds. (2019) *The Cambridge Handbook of Systemic Functional Linguistics*, Cambridge University Press, Cambridge.

Thompson, Sandra A. and Anthony Mulac (1991) "A Quantitative Perspective on the Grammaticization of Epistemic Parentheticals in English," *Approaches to Grammaticalization*, Vol. II, ed. by Elizabeth Closs Traugott and Bernd Heine, 313–329, John Benjamins, Amsterdam.

Tognini-Bonelli, Elena (2001) *Corpus Linguistics at Work*, John Benjamins, Amsterdam.

Tomasello, Michael (1999) *The Cultural Origins of Human Cognition*, Harvard University Press, Cambridge, MA. [大堀壽夫・中澤恒子・西村義樹・本多啓 (訳) (2006)『心とことばの起源を探る――文化と認知』勁草書房, 東京.]

Tomasello, Michael (2003) *Constructing a Language: A Usage-Based Theory of Language Acquisition*, Harvard University Press, Cambridge, MA.

Tomasello, Michael (2019) *Becoming Human: A Theory of Ontogeny*, The Belknap Press of Harvard University Press, Cambridge, MA.

Tomlin, Russell S. (1997) "Mapping Conceptual Representations into Linguistic Representations: The Role of Attention in Grammar," *Language and Conceptualization*, ed. by Jan Nuyts and Eric Pederson, 162–189, Cambridge University Press, Cambridge.

Törnberg, Anton and Petter Törnberg (2016) "Combining CDA and Topic Modeling: Analyzing Discursive Connections Between Islamophobia and Anti-feminism on an Online Forum," *Discourse & Society* 27(4), 401–422.

Traugott, Elizabeth C. (1989) "On the Rise of Epistemic Meanings in English: An Example of Subjectification in Semantic Change," *Language* 65(1), 31–55.

Traugott, Elizabeth Closs (2008a) "Grammaticalization, Constructions and the Incremental Development of Language: Suggestions from the Development of Degree Modifiers in English," *Variation, Selection, Development—Probing the Evolutionary Model of Language Change*, ed. by Regine Eckardt, Gerhard Jäger and Tonjes Veenstra, 219–250, Mouton de Gruyter, Berlin.

Traugott, Elizabeth Closs (2008b) "The Grammaticalization of *NP of NP* Patterns," *Constructions and Language Change*, ed. by Alexander Bergs and Gabriele Diewald, 23–45, Mouton de Gruyter, Berlin.

Traugott, Elizabeth C. and Richard Dasher (2002) *Regularity in Semantic Change*,

Cambridge University Press, Cambridge.

Traugott, Elizabeth Closs and Graeme Trousdale (2013) *Constructionalization and Constructional Changes*, Oxford University Press, Oxford.

Trudgill, Peter (2001) *Sociolinguistics: An Introduction to Language and Society*, 4th ed., Penguin, London.

辻幸夫（編）(2013)『新編認知言語学キーワード事典』研究社，東京．

van der Auwera, Johan (1999) "On the Semantic and Pragmatic Polyfunctionality of Modal Verbs," *The Semantics/Pragmatics Interface from Different Points of View*, ed. by Ken Turner, 49-64, Elsevier, Amsterdam.

van der Auwera, Johan and Vladimira A. Plungian (1998) "Modality's Semantic Map," *Linguistic Typology* 2(1), 79-124.

van Gelderen, Elly (2011) "Grammaticalization and Generative Grammar: A Difficult Liaison," *The Oxford Handbook of Grammaticalization*, ed. by Heiko Narrog and Bernd Heine, 43-56, Oxford University Press, Oxford.

Visser, Frederic Theodor (1963) *An Historical Syntax of the English Language*, vol. 1, E. J. Brill, Leiden.

綿巻徹 (1997)「自閉症児における共感獲得表現助詞『ね』の使用の欠如：事例研究」『発達障害研究』19(2), 146-157.

Webster, Jonathan J. (2019) "Key Terms in the SFL Model," *The Cambridge Handbook of Systemic Functional Linguistics,* ed. by Geoff Thompson, Wendy L. Boucher, Lise Fontaine and David Schönthal, 35-54, Cambridge University Press, Cambridge.

ウェイリー，リンゼイ J.，大堀壽夫・古賀裕章・山泉実（訳）(2006)『言語類型論入門——言語の普遍性と多様性——』岩波書店，東京．

Wiemer, Björn and Walter Bisang (2004) "What Makes Grammaticalization? An Appraisal of Its Components and Fringes," *What Makes Grammaticalization? A Look from Its Fringes and Its Components*, ed. by Walter Bisang, Nikolaus P. Himmelmann and Björn Wiemer, 3-20, Mouton de Gruyter, Berlin.

Wilson, Deirdre and Dan Sperber (2004) "Relevance Theory," *The Handbook of Pragmatics*, ed. by L. R. Horn and G. Ward, 607-632, Blackwell, Oxford.

やまだようこ (1987)『ことばの前のことば：ことばが生まれるすじみち I』新曜社，東京．

山口登 (2000)「選択体系機能理論の構図——コンテクスト・システム・テクスト——」『言語機能における機能主義』，小泉保（編），3-47，くろしお出版，東京．

Yan, Xiaohui, Guo Jiafeng, Lan Yanyan and Cheng Xueqi (2013) "A Biterm Topic Model for Short Texts," *Proceedings of WWW 2013*, 1445-1456.

米倉よう子 (2017)「対話表現と文法化——事例研究」『対話表現はなぜ必要なのか——最新の理論で考える』，東森勲（編），118-138，朝倉書店，東京．

Yule, George (1996) *Pragmatics*, Oxford University, Oxford.

朱冰（2018）「中国語のモダリティ表現の接続詞化と談話標識化に関する通時的構文文法的研究――日本語との対照を交えて――」博士学位論文，名古屋大学大学院国際言語文化研究科．

Zhu, Bing and Kaoru Horie (2018) "The Development of the Chinese Scalar Additive Coordinators Derived from Prohibitives: A Constructionist Perspective," *New Trends on Grammaticalization and Language Change*, ed. by Sylvie Hancil, Tine Breban and José Vicente Lozano, 361–80, John Benjamins, Amsterdam.

朱冰・堀江薫（2021）「命令・禁止表現から接続表現へ――日中語における（間）主観化とテキスト機能の発達――」『認知言語学論考 No. 15』，山梨正明（編），105–128，ひつじ書房，東京．

朱冠明（2008）『「摩訶僧祇律」情態動詞研究』中国戯劇出版社，北京．

Ziegeler, Debra (2011) "The Grammaticalization of Modality," *The Oxford Handbook of Grammaticalization*, ed. by Heiko Narrog and Bernd Heine, 595–604, Oxford University Press, New York.

Zlatev, Jordan, Timothy P. Racine, Chris Sinha and Esa Itkonen (2008) "Intersubjectivity: What Makes Us Human," *The Shared Mind*, ed. by Jordan Zlatev, Timothy P. Racine, Chris Sinha and Esa Itkonen, 1–14, John Benjamins, Amsterdam.

二次資料

Leiss, Elisabeth (1992) *Die Verbalkategorien des Deutchen*, De Gruyter, Berlin and New York.

Stede, Manfred (2004) "Kontrast im Diskurs," *Brücken schlagen: Grundlagen der Konnektorensemantik*, ed. by Handarik Blühdorn, Eva Breindl and Ulrich Hermann Waßner, 255–286, Mouton de Gruyter, Berlin.

# 索　引

1. 日本語は五十音順に並べてある．英語（などで始まるもの）は
アルファベット順で，最後に一括してある．
2. 数字はページ数を示し，n は脚注を表す．

194

196

【執筆者紹介】（掲載順）

**大橋　浩**（おおはし　ひろし）
九州大学基幹教育院・大学院人文科学府 教授．専門分野は認知言語学．
主要業績："The Development of an English Intensifier Phrase: A Corpus-based Study"（*English Linguistics* 23(2), 403-432, 2007），「譲歩への変化と譲歩からの変化」（『日本認知言語学会論文集』15, 18-30, 2015），『認知言語学研究の広がり』（共編，開拓社，2018），「第6章　文法化はなぜ認知言語学の問題になるのだろうか？」（『認知言語学とは何か？』くろしお出版，113-131, 2018）など．

**朱　冰**（しゅ　ひょう）
九州大学言語文化研究院　助教．専門分野は認知・機能主義的言語学，文法化，言語類型論，中国語学．
主要業績："The Development of the Chinese Scalar Additive Coordinators derived from Prohibitives: A Constructionist Perspective"（共著，*New Trends on Grammaticalization and Language Change*, ed. by Sylvie Hancil, Tine Breban and José Vicente Lozano, John Benjamins, 2018），「命令・禁止表現から接続表現へ──日中語における（間）主観化とテキスト機能の発達──」（共著，山梨正明（編）『認知言語学論考 No.15』ひつじ書房，2021）など．

**堀江　薫**（ほりえ　かおる）
名古屋大学大学院人文学研究科・文学部　教授．専門分野は，言語類型論，対照言語学，認知言語学，語用論．
主要業績：*Complementation: Cognitive and Functional Perspectives*（編著，John Benjamins, 2000），『言語のタイポロジー──認知類型論のアプローチ──』（共著，研究社，2009），『日本語と世界の言語の名詞修飾表現』（共編著，ひつじ書房，2020），『言語類型論』（共著，開拓社，2021）など．

**米倉 よう子**（よねくら　ようこ）
奈良教育大学教育学部　准教授．専門分野は文法化，言語変化，認知言語学．
主要業績：『認知歴史言語学』（認知日本語学講座7，共著，くろしお出版，2013），"(Inter)subjectification and (Inter)subjective Uses of the Modal *Can*"（単著，*Studies in Modern English: The Thirtieth Anniversary Publication of the Modern English Association*, Eihosha, Tokyo, 339-354, 2014），"Accounting for Lexical Variation in the Acceptance of the Recipient Passive in Late Modern English: A Semantic-Cognitive Approach"（単著，*Studies in Modern English* 34, 1-26, 2018）など．

198

**町田　章**（まちだ　あきら）

広島大学大学院人間社会科学研究科 准教授. 専門分野は認知文法.
主要業績：「認知図式と日本語認知文法――主観性・主体性の問題を通して――」（『認知言語学論考』13，ひつじ書房，2016），「傍観者と参与者――認知主体の二つのあり方――」（中村芳久・上原聡（編著），『ラネカーの（間）主観性とその展開』開拓社，2016），「間主観性の類型とグラウンディング――いわゆる項の省略現象を中心に――」（南佑亮・本田隆裕・田中英理（編著），『英語学の深まり，英語学からの広がり』英宝社，2020）など.


**深田　智**（ふかだ　ちえ）

京都工芸繊維大学基盤科学系 教授. 専門分野は，認知意味論，言語習得など.
主要業績：『認知意味論』（共著，大修館書店，2003），『概念化と意味の世界――認知意味論のアプローチ――』（共著，研究社，2008），"The Dynamic Interplay between Words and Pictures in Picture Storybooks: How Visual and Verbal Information Interact and Affect the Readers' Viewpoint and Understanding"（単著，*Viewpoint and the Fabric of Meaning: Form and Use of Viewpoint Tools across Languages and Modalities*, ed. by Barbara Dancygier, Wei-lun Lu and Arie Verhagen, Mouton de Gruyter, 2016）など.


**佐々木　真**（ささき　まこと）

愛知学院大学教養部 教授. 専門分野は選択体系機能言語学.
主要業績：『ことばは生きている』（龍城正明編，第8章担当，くろしお出版，2006），『学校教育の言語』（メアリー・シュレッペグレル著）（第2章・第6章の翻訳および理論的解説の共同執筆，ひつじ書房，2017），「和歌の英語訳：6種類の源氏物語の英語訳の比較分析」（*Proceedings of JASFL* vol. 11, 97-108, 2017）など.


**木山　直毅**（きやま　なおき）

北九州市立大学 准教授. 専門分野は認知言語学，コーパス言語学，テキストマイニングなど.
主要業績："Gradability and Mimetic Verbs in Japanese: A Frame-Semantic Account"（共著，*BLS* 41, 245-265, 2015），"When Tense Meets Constructional Meaning: The Realis and Irrealis Alternation in the *Enough* Construction"（単著，*Cognitive Linguistic Studies* 4(2), 273-292, 2017），"How Have Political Interests of U.S. Presidents Changed?: A Diachronic Investigation of the State of the Union Addresses Through Topic Modeling"（単著，『英語コーパス研究』25, 79-99, 2018）など.

【監修者紹介】

西原　哲雄（にしはら　てつお）　藍野大学 教授

都田　青子（みやこだ　はるこ）　津田塾大学 教授

中村浩一郎（なかむら　こういちろう）　名桜大学 教授

米倉よう子（よねくら　ようこ）　奈良教育大学 准教授

田中　真一（たなか　しんいち）　神戸大学 教授

言語のインターフェイス・分野別シリーズ　第4巻

## 意味論・語用論と言語学諸分野とのインターフェイス

監修者　　西原哲雄・都田青子・中村浩一郎・米倉よう子・田中真一
編　者　　米倉よう子
著作者　　大橋　浩・朱　冰・堀江　薫・米倉よう子・町田　章
　　　　　深田　智・佐々木　真・木山直毅
発行者　　武村哲司
印刷所　　日之出印刷株式会社

2021 年 11 月 24 日　第 1 版第 1 刷発行©

発行所　　株式会社　開 拓 社

〒 112-0013 東京都文京区音羽 1-22-16
電話　（03）5395-7101（代表）
振替　00160-8-39587
http://www.kaitakusha.co.jp

ISBN978-4-7589-1359-1　C3380

JCOPY ＜出版者著作権管理機構 委託出版物＞
本書の無断複製は，著作権法上での例外を除き禁じられています．複製される場合は，そのつど事前に，出版者著作権管理機構（電話 03-5244-5088, FAX 03-5244-5089, e-mail: info@jcopy. or.jp）の許諾を得てください．